Matthias Blazek

Die Jagd auf den Wolf
Isegrims schweres Schicksal in Deutschland

Beiträge zur Jagdgeschichte
des 18. und 19. Jahrhunderts

*„Der Wolf, Canis lupus, gehörte in alter Zeit zu
den häufigsten Raubthieren im nördlichen
Deutschland; er ist nur durch die Kultur und eifrige
Verfolgung aus unseren Gegenden verdrängt
worden, während er in den osteuropäischen Ländern
noch jetzt stark verbreitet ist."*

C. Struckmann, Über die Jagd- und Haustiere der Urbewohner
Niedersachsens. Zeitschrift des Historischen Vereins
für Niedersachsen, Hannover 1895, S. 96

Matthias Blazek

DIE JAGD AUF DEN WOLF
ISEGRIMS SCHWERES SCHICKSAL IN DEUTSCHLAND

Beiträge zur Jagdgeschichte
des 18. und 19. Jahrhunderts

ibidem-Verlag
Stuttgart

Bibliografische Information der Deutschen Nationalbibliothek
Die Deutsche Nationalbibliothek verzeichnet diese Publikation in der Deutschen Nationalbibliografie; detaillierte bibliografische Daten sind im Internet über http://dnb.d-nb.de abrufbar.

Bibliographic information published by the Deutsche Nationalbibliothek
Die Deutsche Nationalbibliothek lists this publication in the Deutsche Nationalbibliografie; detailed bibliographic data are available in the Internet at http://dnb.d-nb.de.

Lektorat: Helge John, Wolfsberater

Bildbearbeitung und Satz: Matthias Blazek

Umschlaggestaltung: Josefine Rudolf

Fotos der freilebenden Wölfe auf dem Umschlag: Volker Rudolf, Naturfotograf. Abdruck mit freundlicher Genehmigung.

Die Wolfspräparate:
Vorderseite, rechts oben: am 26. Dezember 1838 bei Knesebeck erlegtes Tier. Rechts oben: am 18. Oktober 1851 im Wietzenbruch erlegtes Tier. Fotos: Kulturerbe Niedersachsen. Abdruck mit freundlicher Genehmigung.

Rückseite, rechts oben: am 27. Februar 1904 in der Oberlausitz erlegtes Tier, digitale Sammlung Blazek. Mitte: 1929 aufgestellter Wolfsstein im Becklinger Holz, Foto: Jacqueline Wilmsen. Abdruck mit freundlicher Genehmigung. **Links:** Hermann Löns (1866-1914), Heimatschriftsteller und Jäger, auf einer Postkarte zur Löns-Feier des V.C.-Berlin am 8. Februar 1922. Sammlung und Repro: Blazek.

∞

Gedruckt auf alterungsbeständigem, säurefreien Papier
Printed on acid-free paper

ISBN-13: 978-3-8382-0647-9

© *ibidem*-Verlag
Stuttgart 2014

Alle Rechte vorbehalten

Das Werk einschließlich aller seiner Teile ist urheberrechtlich geschützt. Jede Verwertung außerhalb der engen Grenzen des Urheberrechtsgesetzes ist ohne Zustimmung des Verlages unzulässig und strafbar. Dies gilt insbesondere für Vervielfältigungen, Übersetzungen, Mikroverfilmungen und elektronische Speicherformen sowie die Einspeicherung und Verarbeitung in elektronischen Systemen.

All rights reserved. No part of this publication may be reproduced, stored in or introduced into a retrieval system, or transmitted, in any form, or by any means (electronic, mechanical, photocopying, recording or otherwise) without the prior written permission of the publisher. Any person who does any unauthorized act in relation to this publication may be liable to criminal prosecution and civil claims for damages.

Printed in Germany

Geleitwort

Liebe Leser,

der Wolf gilt als Urvater sämtlicher Hunderassen. Durch viele Beobachtungen und Aufzeichnungen wurde belegt, dass der Wolf als eines der sozialsten Lebewesen bezeichnet werden kann.

Wohl keine andere Tierart hat in der letzten Zeit so viel Aufmerksamkeit in den Medien gefunden wie *Canis lupus*. Ging es ihm in der Vergangenheit mächtig an die Kehle, so fand sich im Zuge seiner Neubesiedlung im norddeutschen Raum in den letzten Jahren eine durchaus beachtliche Anhängerschar für seine Anwesenheit in unmittelbarer Nähe.

Hier trug die beharrliche Aufklärung der Naturschutzverbände ihre Früchte. Es wurde glaubhaft gemacht, dass der Wolf für den Menschen keine Gefahr darstellt. Das Bild des blutrünstigen Wolfs aus Sagen und Märchen dürfte der Vergangenheit angehören.

Matthias Blazek hat in seinem Buch **Die Jagd auf den Wolf** sehr ausführlich und vielseitig über das Vorkommen des Wolfs in unserem Land berichtet. Seinem Werk kann man aber auch entnehmen, wie strapazenreich und mühsam unsere Vorfahren ihr Leben meistern mussten. Damit ist dieses Buch ein umfangreiches Nachschlagewerk zum Thema „Wolf" und gleichzeitig ein Geschichtsbuch von großer Bedeutung für unseren ländlichen Raum geworden.

Ich wünsche dem Autor noch viel Freude und Erfolg bei weiteren Ausarbeitungen.

Gerhard Brenneke

Heimatverein
für das Kirchspiel Engensen-Thönse-Wettmar

Vorwort

In diesem Buch wird mit Blick auf den von der Lüneburger Heide in alle Richtungen vordringenden Wolf dargestellt, wann und wie im norddeutschen Raum die letzten freilebenden Tiere erlegt wurden. In früheren Zeiten waren diese Raubtiere die großen Nahrungskonkurrenten des Menschen, die immer tiefe Spuren hinterließen, wenn sie dem Menschen und seinem Vieh zu nahe kamen. Jede Herrschaft rühmte sich zudem, wann und wo der letzte Räuber auf ihrem Hoheitsgebiet erlegt wurde.

Westlich von Becklingen wurde 1872 gleich zu Jahresbeginn der vorerst letzte Wolf in der Lüneburger Heide gesehen und geschossen. Schütze war der Förster H. Grünewald, ehemals ein Jagdbegleiter von König Georg V., der 1892 in Wardböhmen bei Bergen in Pension trat. Der 1929 dort aufgestellte Stein trägt die Inschrift: „Am 13. Januar 1872 wurde hier der letzte Wolf in Niedersachsen erlegt." Grünewald war schneller als die Präparatoren und ließ sich von dem Wolf nach einigen Zurschaustellungen einen dekorativen Fußteppich anfertigen.

Der damals erlegte Wolf war der letzte von insgesamt 15 Wölfen, die im 19. Jahrhundert in der Lüneburger Heide ihr Ende fanden. 1929 wurde im Becklinger Holz an dem längst hübsch gestalteten Platz des Ereignisses ein Gedenkstein aufgestellt.

Der am 27. Februar 1904 vom Privatförster Paul Brämer in der Oberlausitz erlegte „letzte Wolf Deutschlands" ziert heute als Präparat den Eingangsbereich des Museums in Hoyerswerda. Dass es am Ende nicht der letzte Wolf war, ist bekannt. Und 1990 wurde der Wolf im vereinigten Deutschland unter Naturschutz gestellt.

Allein zwischen 1945 und 1982 wurden im Raum der Lüneburger Heide noch einmal sieben Wölfe zur Strecke gebracht, darunter 1948 der berüchtigte „Würger vom Lichtenmoor". Im Mai 1991 wurden in Brandenburg zudem innerhalb weniger Wochen vier Wölfe illegal geschossen. Und aktuell gibt es in Niedersachsen wieder mehrere Wolfsfamilien, die im gesamten Landkreis Celle und im Wendland ausgemacht werden und inzwischen überall ihre Spuren hinterlassen. Man lässt sie gewähren. Noch.

Es fällt auf, dass sich bislang vor allem 1881 der niedersächsische Zoologe Simon Albrecht Poppe (1847-1907), 1904 der Heimatschriftsteller und Jäger Hermann Löns (1866-1914), 1942 der Forstmeister aus Steinkrug am Deister Albert Schraube (1861-1950) und 2004 der Historiker Gerd van den Heuvel intensiv mit der Thematik auseinandergesetzt haben. Jeder von ihnen hat ein wenig von der Arbeit des Vorgängers in die eigene einfließen lassen, ebenso wie der Verfasser des Vorliegenden.

Für dieses Buch sind noch einmal Archivalien aus dem Niedersächsischen Landesarchiv ausgewertet worden. Erstmals werden in einem Anhang Lebensläufe der Oberwildmeister Wallmann, Toppius und Knop präsentiert.

Gliederung

a.	**Die Jagd auf den Wolf**	**11**
b.	**Quellenexegese**	**61**
01	Zur Lage in Südniedersachsen	61
02	Der Königliche Jägerhof zu Hannover	67
03	Oberwildmeister Heinrich Wallmann	69
04	Oberwildmeister Albrecht Toppius	70
05	Oberwildmeister Christoph Friedrich Knop	71
06	Wildbret im Fürstentum Lüneburg	73
07	Wolfsjagden und Charakter von Landfolgen	79
08	Götz v. Olenhusen berichtet über die Wolfsjagd in der Göhrde	83
09	Der Tiger von Sabrodt	85
10	Der Würger vom Lichtenmoor	94
c.	**Anmerkungen**	**99**
d.	**Im Buch verwendete Abkürzungen**	**106**

Die Jagd auf den Wolf

Wölfe sind in Deutschland wieder ein großes Thema geworden. Sie haben hier wieder ihr Zuhause gefunden und dringen jetzt im Zuge ihrer Wanderungen bis in den Celler Südkreis vor. Jäger wollen Isegrim bereits in Fotofallen nördlich von Hannover getappt wissen.

Wölfe kehren allmählich wieder in ihre alte Heimat zurück. Früher traten sie im Raum um Celle recht zahlreich auf, vor allem nach Kriegen, wie dem Dreißigjährigen Krieg (1618-1648). Damals hatten sie sich in der verwüsteten Lüneburger Heide stark vermehrt und waren zur Geißel der Menschen, des Wildes und ganz besonders des im Wald gehüteten Viehes geworden. Im 17. Jahrhundert, der so genannten Wolfzeit, wurden daher zum Schutz der Untertanen Wolfsjagden durchgeführt, zu denen Jagdfolge zu leisten war und die teilweise erhebliche Strecken erbrachten.

In noch früheren Zeiten kamen die Wölfe sogar bis vor die Tore der Stadt Hannover, und im Roder Busch (Roder Bruch/Hannoversches Bruch) mussten in einem Jahre mehrere Wolfsjagden abgehalten werden. In dem Lohnregister (der Stadt Hannover) von 1493 finden sich folgende Aufzeichnungen über Wolfsjagden im Roderbusch: „25½ Schillinge dem Holtfogede vor 6 Dage und twen, isliken vor 5 Dage und dren, isliken 1½ Dag, do so de Wulwe jageden in dem Roderbuske tom andermal. 2 Schillinge einem Boden, de de Lantlude verbode to der Wulwjagd. 1 Punt Harmen Wynten vor 1 Tunnen Bers und vor Brot, dat de Mennen von Horingbarghe, das heißt Harenberg, hadden verteret so synem Hus, als se hadden wesen in der Wulwejagd mit oren Roden in dem Roderbuske."[1]

Vom Jahr 1555, Dienstag nach Catherine, datiert ein Schreiben von George Graf zu Gleichen und Herr zu Tonna (1509-1570) an Dietrich Edlem Herr zu Plesse (1499-1571) wegen Übersendung eines Schweinsrückens und Nutzen seines Hundes auf der Wolfsjagd: „(...) Daß e. L. etzliche Wolffe sollen gefangen habenn bericht werden, vnd wir nicht wissen kund, wie sich vnser alter hundt wawß In der selben wolfs Jagt gehalten." Den Schweinsrücken wollte der Absender an den Grafen und Herrn von Hennenberg weiterleiten.[2]

Nachdem bekannt geworden war, dass einige Bauern am Rande des Sollings durch Wölfe Vieh verloren hatten, erteilte der Wolfenbütteler Herzog Julius (1528-1589) am 29. Januar 1588 seinem Jägermeister und Großvogt zu Wolfenbüttel Carl Capaun den Befehl, eine Wolfsjagd in diesem Gebiet durchzuführen. Laut Bericht des Jägermeisters vom 6. Februar kamen dabei fünf Wölfe zur Strecke, denen an Ort und Stelle das Fell über die Ohren gezogen worden sei.[3]

Carl Capaun von Zwickau, Hauptmann zu Brunsrode, starb übrigens wenige Monate nach seinem Landesherrn († 3. Mai 1589), er wurde am 29. September 1589 begraben.

Schon vor dem Dreißigjährigen Krieg ordnete Herzog Julius Ernst zu Braunschweig und Lüneburg (1571-1636) im Winter 1607 in der Göhrde eine große Wolfsjagd an. Hier hatte man etliche gerissene Stücke Wild gefunden. Unter dem 7. Dezember 1607 wandte sich Herzog Julius Ernst an seine „freundtlichen Lieben Vettern und Brüdern", Ernst, Herzog zu Braunschweig und Lüneburg:[4]

„*Vnser freundtlich dienst vnd was wir mehr Liebes vnd guets vermugen ieder Zeit zuuornn, Hochgeborner Fürst, freundtlicher lieber Vetter vnd Bruder, Vnß wirt glaubwirdich vorbracht, das sich in der Wildtbahne vff der Görde ein Wulff oder zwei soll finden lassen, der auch albereit in Vnser Wildtban schaden gethaenn das etzliche zerrißene stücke gefunden worden, derowegen sein wir zuuerhuetung mehrer Vnser vnd der Vnderthanen, wie auch der benachbarten nachtheill, vnd Verwüstung der Wiltbahne eine große Jagt anzustellen gemeinet, weill aber zu dero behueff von Alters her, der Embter Oldenstatt, Meding, vnd Bleckede Vnderthanen auch geuolget: Alß ist hirmit an F. L. Vnser freundtliches bitten, dieselben wollen derwegen ein Befehlig schreiben an den Haubtman zu Meding vnd Blekede ergehen lassen, daß sie vff vnser anfurderung, dem alten herkommen nach, bemelter Empter Vnterthanen, sampt vnd sonders, dazu schicken vnd folgen lassen, Insonderheit Fritz von Bergen, weil er hiebeuor etzliche Leute hinterhaltenn, vnd sie nicht vollenkommen folgen lassen wollenn, mit ernste befehlenn, das er sich alter gewonheit auch bequeme vnd das gantze Ambt dazu schicke, das seine vmb F. L. wir hinwieder zuuerschuldenn geflissen: p Datum Dannenbergk den 7ten Decemb. Ao. 607.*"

Das zweite und letzte Schreiben der schlanken Akte ist der Entwurf der Antwort aus Medingen an Herzog Julius Ernst zu Braunschweig und Lüneburg vom 9. Dezember 1607.

Eine Hofjagd in der Göhrde. Originalzeichnung von Ludwig Beckmann, 1890. Repro: Blazek

Die hohe Jagd beschränkte sich laut der „Allgemeinen Forst und Jagd-Zeitung" von 1840 „vorzüglich auf die waldreichen Gegenden des Landes, den Solling, die Göhrde, den Harz und den Deister".[5] Die Göhrde ist das größte zusammenhängende Mischwaldgebiet Norddeutschlands und liegt in den heutigen Landkreis Lüchow-Dannenberg und Lüneburg. Der Oberförster zur Göhrde Ferdinand Wallmann (1826-1921) wies 1879 auf den besonderen Charakter dieser Landschaft hin: „Die Göhrde, ein Waldkomplex von etwa 5000 ha Flächeninhalt, eignet sich ihrer Größe und abgerundeten Form, ihres Waldbestandes und ihrer Bodenbeschaffenheit wegen ganz besonders zu jagdlichen Zwecken und hat wohl seit frühester Zeit diesen in ausgedehntem Maß gedient."[6]

„Das Jagdrevier die Göhrde erstreckt sich auf dem linken Elbufer an der Bahnstrecke Wittenberge-Lüneburg, während das Jagdschloß zur Göhrde in der von dem Oberförster Wallmann, einem einer alten hannoverischen Weidmannsfamilie entsprossenen Jäger von echtem Schrot und Korn, verwalteten Oberförsterei Röthen liegt", verlautet in der „Illustrirten Zeitung" vom 23. Dezember 1882.[7]

Seiner Neigung und Jagdleidenschaft folgend, war das in den Jahren 1706 bis 1709 mit einem Gesamtaufwand von 83 000 Reichstalern errichtete Jagdschloss Göhrde das aufwendigste von Georg Ludwig in seinen Kurlanden realisierte Bauprojekt.[8]

Im Jahre 1813 wurde die Göhrde zweimal der Schauplatz kriegerischer Ereignisse. Am 16. September 1813 fand dort eine Schlacht des Befreiungskrieges zwischen Dannenberg und Dahlenburg im Königreich Hannover statt.[9]

In einem Beitrag mit dem Titel „Nachrichten über das vormalige Jagdschloß und das Jagdhaus zur Göhrde" werden die Bilanzen der – vor allem in den Monaten September und Oktober – in der Göhrde veranstalteten Jagden im Zeitraum 1643 bis 1813 chronologisch und detailliert dargelegt.[10]

Mit bewegten Worten klagte Ludeke Dettmers aus Wolthausen seinem Landesherrn am 11. November 1620, dass ihm der Wolf in seinem Holzbusch, im Ruhrhorn, vier junge Rinder, die er um 20 Taler nicht hätte herausgeben wollen, „gebißen und ganz uffgefressen" hätte. „Dieweil ich armer Menscheinen solch großen Schaden sobald nicht verwinden werde, so bitte ich E. F. Gn., mir den schuldigen Viehschatz für dieses Jahr in Gnaden zu erlassen." Der Winser Amtsvogt Friedrich Johann Ziegenmeyer, zum Bericht aufgefordert, bestätigte die Angaben Dettmers, meinte allerdings, dass diesem der Viehschatz in Höhe von 6 Taler 11 Schillinge nicht gänzlich erlassen werden könne, zumal Dettmers „so gar arm nicht" sei und über gute Wiesen und Ländereien verfüge. Weil ihm nun aber wenige Jahre zuvor nach einer Viehseuche „etzliche Häupter gestorben", so wurde ihm die Hälfte der Schuld erlassen. „Den Wolf betreffend", so der Amtsvogt, „ist derselbe die eine Zeit an diesem, die andere am anderen Orte, davon nichts gewisses zu berichten ist".

Auch aus Hambühren wurde von Wolfsschäden berichtet. Am 2. März 1629 klagte Berendt Wildes zu Hambühren seinem Landesherrn: „Ich bin gehalten, E. F. Gn. alljährlich ein Hofrind zu liefern, habe das bislang auch willig und gern zur rechten Zeit gegeben. Weil ich aber in zwei Jahren kein Kalb mehr aufziehen konnte, bitte ich E. F. Gn., mir armen Mann für diesmal das Hofrind aus Gnaden zu erlassen. Vor 2 Jahren stahlen mir Räuber das Vieh. Ich versuchte mit großer Mühe 5 Jungtiere aufzuziehen." Als sie soweit waren, „daß sie Heu und Stroh fressen konnten", fielen die Wölfe über sie her und fraßen sie. Der Amtsvogt konnte die Angaben von Berendt Wildes nur bestätigen: „E. F. Gn. mögen aus dem beigefügten Kontributionsverzeichnis gnädig ersehen, daß er das Montgeld nicht völlig, wie auf seinem Hof angesetzt, hat geben können" (27. März 1629).[11]

Mittels Landesverordnung vom 4. Juni 1637 regelte Herzog Friedrich die Bestrafung der Wild- und Fischdiebe. Am Schluss des Ediktes wurde bestimmt: „Es soll aber hiemit ohnverboten, sondern vielmehr einem jeden erlaubt seyn, Wölfe zu schießen, jedoch, daß er, was er geschossen, auf Unsern Jägerhof bringe, und Unserm Jägermeister gegen Empfahung einer ziemlichen Verehrung liefere. So mögen auch die Otter geschossen, aber anders nirgends hin, denn ans Amt gebracht werden. Hätte der Gesetzgeber die Ottern zur Jagd gerechnet, so würde die Ablieferung derselben auch an den Jägerhof oder den herrschaftlichen Jägermeister vorgeschrieben seyn, sie sollen aber nicht dorthin, sondern an das Amt gebracht werden."[12]

Als gegen Ende des Dreißigjährigen Krieges im Winter 1647 die Wolfsplage im Fürstentum Lüneburg überhand nahm, die Wölfe, so die Berichte der Amtmänner, in Rudeln von 20 bis 30 Tieren durch die Dörfer zogen und in die Viehställe einbrachen, ja sogar Menschen attackierten und verletzten, griffen die Lokalbeamten der Ämter Bütlingen, Bleckede und Lüne unter Führung des Abtes von St. Michael in Lüneburg zur Selbsthilfe. Im Abstand von wenigen Tagen wurden unter Aufbietung von Amtsuntertanen und mit Hilfe der Jagdmeute des Abtes im Grenzgebiet der Fürstentümer Lüneburg und Wolfenbüttel drei Wolfsjagden durchgeführt, bei denen 14 Wölfe erlegt und drei weitere so angeschossen wurden, dass Bauern sie später tot auffanden.[13]

Die vom naturwissenschaftlichen Verein zu Bremen herausgegebenen Abhandlungen liefern einige Anhaltspunkte für die späteren Recherchen von Hermann Löns. Interessant sind hier insbesondere die Hinweise auf die Wolfsjagd im Hollerland bei Bremen 1647 und die Einzelvorkommen in der zweiten Hälfte des 18. Jahrhunderts:[14]

„Canis lupus Linne. In früheren Zeiten häufig, wie verschiedene Namen im Gebiete zeigen, z. B. Wolfskuhle bei Bremen, Wolfsschlucht im Neuenburger Urwald, Wolfsheide bei Ganderkesee, Wolfsgast bei Dangast etc. Zur Zeit der Stedingerkriege (1234) soll eine Wölfin in der Elsflether Kirche Junge geworfen haben. Bei Rotenburg sind die Spuren seines früheren Vorkommens noch jetzt in Vertiefungen auf dem Heidehügel Bullerberg bei Westerholz als Resten von Gruben, worin früher Wölfe gefangen wurden, sichtbar. Nach gütiger Mittheilung des Herrn L. Halenbeck geht aus Rotenburger Acten hervor, daß in dortiger Gegend 1659, 1724, 63, 64, 65 und 66 Wölfe erlegt und in den letzterwähnten Jahren 50 Thaler als Prämie gezahlt worden sind. In den 40er Jahren unseres Jahrhunderts kamen sie bei Walsrode, Nienburg und Rethem, 1857 bei Uelzen vor. Einem von Herrn Halenbeck in der historischen Gesellschaft gehaltenen Vortrage entnehme ich, dass im Jahre 1641 bei der Gösper Mühle und im Langenholz bei Stendorf Wölfe erlegt wurde und sie zu derselben Zeit im Teufelsmoor häufig waren, dass Lichtmess 1647 die letzte Wolfsjagd im Hollerlande stattfand und im Juni 1670 in Osterstade und bei Lesum. In Damme wurde 1776 ein Wolf erlegt; in Ostfriesland (nach Focken a. a. O.) bei Arle 1776 ein aus dem Oldenburgischen 1766 herübergekommenes Exemplar."

Im Zeitraum Michaelis 1648 bis Michaelis 1649 wurden allein im Fürstentum Lüneburg noch 182 Wölfe, und zwar 58 alte und 124 junge, von 1651 bis 1652 135 und 1658 219 erschlagen, 1652 war unter den getöteten Tieren eine Wölfin mit elf Jungen.[15]

Mit so genannten Wolfsangeln versuchte man in früheren Zeiten, die Raubtiere, die sich in unseren Breiten hauptsächlich von Füchsen, Rehen und nach 1577, als Damwild durch den Landgrafen Ludwig v. Hessen ausgesetzt wurde, auch von Damwildkälbern ernährten, außerhalb der Ortschaften zu ködern und aufzuspießen. Bei Rotenburg fanden sich bis um 1900 noch die Reste ehemaliger Wolfsgruben auf dem Bullerberg bei Westerholz.[16]

Der Königlich Großbritannische und Kurhannöverische Forstjunker Freiherr Carl v. Beaulieu (1777-1855), zuletzt als Oberforstmeister für den Oberforstdistrikt Hildesheim zuständig, befasste sich mit einem sehr ausführlichen Beitrag im Taschenbuch für Forst- und Jagdfreunde für das Jahr 1802 mit dem Wildbret im 17. und 18. Jahrhundert. Bei ihm heißt es:[17]

Die ältesten Nachrichten, welche sich in der Churhannöverischen Jagd-Registratur finden, gehen bis zum Jahr 1648 hinauf, und da die guten Alten bekanntlich noch wenig von der Schreibseeligkeit unsers Zeitalters besaßen, so sind auch diese zum Theil sehr unvollständig. Größtentheils sind sie nur aus dem Fürstenthum Lüneburg (oder Celle) entnommen, welches damals in Verbindung mit dem jetzigen Fürstenthum Grubenhagen und einem Theil der Grafschaften Hoya und Diepholz zum Erbtheil des Herzogs Christian Ludwig gehörte.

Wie sehr aber seit diesen anderthalb Jahrhunderten der Zustand der Wildbahnen und besonders der darin hausenden Raubthiere in unserm deutschen Vaterlande sich verändert hat, davon geben auch diese Verzeichnisse sehr auffallende Beweise.

Über das hohe Wolfsaufkommen nach Ende des Dreißigjährigen Krieges wird an verschiedenen Stellen berichtet. Der Redakteur der hannöverschen Zeitung Heinrich Daniel Andreas Sonne (1780-1832) schreibt in seiner „Beschreibung des Königreichs Hannover": „1649 huldigte sie [die Stadt Hannover] dem Herzog Georg-Wilhelm, aber die Umgegend war so wüste, daß der Wölfe wegen keine Zehntlämmer gegeben werden konnten."[18]

Der Königlich Dänische Staatsrat Dietrich Hermann Hegewisch (1746-1812) schreibt in der „Neue Sammlung kleiner historischer und literarischer Schriften": „Im Wolfenbüttelschen wurden durch ein Reskript vom 14. May 1649 Prämien ausgesetzt, wer einen alten Wolf, wer einen jungen tödten würde. Und aus dem niedrigen Preise des ausgesetzten Prämiums darf man wohl auf die Frequenz der Wölfe schließen."[19]

1657/58 wurden insgesamt laut der kurhannoverschen Jagd-Registratur zur Strecke gebracht:[20]

1 Luchs, 18 alte Wölfe, 9 Wölfinnen, 60 junge Wölfe, 83 Hirsche, 22 Wild, 4 Hirschkälber, 12 Wildkälber, 64 Haupt Schweine, 13 angehende Schweine, 60 Keiler, 144 Bachen, 199 Fröschlinge, 174 Reheböcke, 164 Rehe, 5 Rehekälber, 363 Hasen, 102 Füchse, 2 Katzen.

Hierunter befanden sich auch etliche außergewöhnlich starke Exemplare von Rot- und Schwarzwild, wie die folgende Nachricht belegt:[21]

Den 25ten Augusti 1658 hat mein gnädiger Fürst und Herr nebst dero Herzliebsten Gemahlinn vom Hellmerkampff ab ein Jagendt im Forste am Harzhorn gehalten, und daselbst auf dem Lauf gefangen 2 Wölffe, 11 Hirsche, davon 1 von 16 Enden, hat gewogen 638 Pf. (...)

Im „Neuen Hannöverischen Magazin" verlautete 1803: „Zu Herzogs Georg Wilhelms Zeiten müssen die Wölfe noch sehr zahlreich gewesen seyn, denn er verordnete, um die Unterthanen von dieser Plage zu befreien, unterm 24sten August 1660, daß ein jeder reitender als gehender Förster einen alten Wolf schießen, und den Balg ganz frisch an das Amt, in dessen Forst oder District der Wolf geschossen, liefern, und daß, ehe und bevor solches geschehen, ihm keine Besoldung oder Deputat ausgereicht noch verabfolgt werden solle."[22]

Eid für reitende und gehende Förster, Sammlung der in den Königlich Groß-Britannisch-Hannoverschen Gerichten üblichen Eidesformeln (Einleitung), Hannover 1821, S. 79.

Repro: Blazek

Als „gehender Förster" galt nach der „Anleitung zur Forst- und Weidmanns-Sprache" des Forstwissenschaftlers Georg Ludwig Hartig (1764-1837) aus dem Jahre 1809 (Seite 59) „ein solcher, welcher den Forst- und Jagd-Schutz auf einer größeren Fläche besorgen und dem reitenden Förster bey seinen Geschäften, so viel er kann, an die Hand gehen muß". In der Hierarchie stand der gehende Förster nur über dem Waldschütz, direkt unterstellt war er dem reitenden Förster, der wiederum dem Oberförster/Forstmeister/Forstinspektor unterstand.

Bis 1771 war das Jagd- und Forstwesen im Kurfürstentum Hannover miteinander verbunden. Man rechnete den Einnahme-Etat des Oberjagddepartements, einschließlich der demselben angewiesenen Jagd-Pachtgelder (5000 Reichstaler), auf etwa 15 000 Reichstaler. König Georg III. von Großbritannien und Irland (1738-1820) ordnete als Sparmaßnahme per Erlass, gegeben zu St. James den 12. November 1771, an, den Jägerhof in Celle aufzulösen und das Jagddepartement dem hannoverschen Oberjägermeister und dem dortigen Jägerhof zu unterstellen.[23]

Oberjägermeister Georg Ludewig Graf von der Schulenburg (1719-1774) in Celle fand in seinem Schreiben vom 18. November 1773 deutliche Worte, was die mit der Umstrukturierung verbundenen Probleme anging:

Königliche Großbritannische zur Chur=Fürstlich-Braunschweig-Lüneburgischen Cammer hochverordnete Herren Präsident, Geheimte Räthe, Geheimte Cammer und Cammer Räthe,

Hoch= und Hochwohlgebohrne,
besonders hochgeehrte Herren,

In dem zuversichtlichen Vertrauen daß Ew: Excellences und Hochwohlgebohren es für keine Zudringlichkeit oder ungleiche Beurtheilung des Hannoverschen Jagdt-Departements anzusehen geruhen werden, bin genötiget aus Neigung gegen die noch übrige Jägerey, ihren anständigen Anhalten nachzugeben, und solche samt und sonders zur milden Gnade Ew: Excelleneces und Hochwohlgeb. Anderweit ehrerbietig zu empfehlen.

Die Leute sind zum Theil untröstbar, daß sie theils jüngern Jagdt-Bedienten nachgesetzt, theils ihrem vorigem Stande unangemeßene Forst-Dienste annehmen, theils solche wieder bekleiden sollen, wo die Vorgänger die sich weniger versucht und Geschicke erworben haben, avanciret und nur verbeßert zu werden scheinen, daß diese tüchtige Leute das Wiedrige ihres Schicksals desto mehr empfinden müßen.

Ich erinnere mich noch aus dem Allerhöchsten Rescripto d.d. St James d. 29. April 1766 der theuren Zusage U. A. Monarchens, Kraft welcher Allerhöchstdero Absicht nicht war

    daß denen Forst- und Jagdbedienten etwas entzogen werden solte.

Hiedurch sind die Leute noch immer beruhiget und ihre Vorstellungen gemildert worden. Da es aber jetzt zur Neige gehet sollen sie durch nachdrückliche Äußerung dahin gebracht werden, wo ihre natürliche Abneigung sie zurück hält. Sie sind theils von hübschen Leuten, theils zur sublevation höherer Forstbediente gebraucht worden, und haben in ganzen Forst-Verbeßerungen dirigiret und mit Beyfall ausgeführet und müßen jetzt in ihrem neuen Stande Forstverrichtung vornehmen, so sie vorhin sich würden verbeten haben.

Laßen Sie, höchstgeehrteste Herren mich für den Zeugwärter Greven, als dem ersten nach dem Windehetzer, dahin das Wort reden, daß solcher nach dem Sternberg versetzet, und jener bei ersterer Gelegenheit verbeßert werden, damit doch bey einem hiesigen Jagdbediente die Gleichheit der Station der Dienst Jahre und gethanen Dienstleistungen in Verhältniß gesetzet bleibe.

Ich werde es mir selbst mit zum Vorzuge annehmen, wenn meine Vorstellungen noch einigen Eingang finden und meine ohnehin unvergrößerliche Verehrung neuen Anlaß bekämen, bey allen Vorfällen zu erweisen mit was ausnehmender Hochachtung ich sey.

Ew: Excellences und Hochwolgebohrnen

Gehorsahmer Diener

GLGvdSchulenburg

Celle, den 18 Nov: 1773.

Aber auch ein von König Georg unterzeichnetes Schreiben liegt dieser Akte bei. Aufgesetzt hatte es der gegenwärtig in London wirkende Geheime Rat in der Königlichen und kurfürstlichen Kriegskanzlei Johann Friedrich Carl von Alvensleben. Es handelt sich um ein Postskriptum vom 17. Dezember 1773, das sich an die Rentkammer zu Hannover richtete:

$$P.\ S^{\underline{tum}}.$$

Auch, Rähte und liebe Getreue haben Wir euer unterthänigstes P.S. vom 3.$^{\underline{ten}}$ dieses mit dem unverwahrten Etat von dem Gehalt der Hannöverischen Jägerey, und deßen Vergleichung mit dem vorigen Aufwande nach der nunmehro eingegangenen Cellischen Jägerey zurecht empfangen, und wie Wir Uns selbigen zum Wolgefallen gereichen laßen; Also ohnverhalten Wir hiedurch auf die gethane Anfragen, daß zuvorderst die Livrée=Gelder für den bey den Wind=Hunden stehenden Jäger allerdings ceshiren müßen, nachdem der Gehalt der sämtlichen Jäger anjetzo solchergestalt bestimmet ist, daß sie damit völlig zufrieden seyn können, dahingegen wollen Wir geschehen laßen, daß behuef der Hunde die nach der jetzigen Einrichtung monahtlich mehr verlangte 4. Malter Korn pashiret werden, wenn es absolute erforderlich ist.

Wir sind ut in Rescripto. S^t: James den 17.$^{\underline{ten}}$ Dec: 1773.

George R.

An
die Rente=Cammer
zu Hannover.

Copia
für den Geheimten=
Cammer=Secretarium Brüggemann.

Im Hauptstaatsarchiv Hannover lagert eine Akte, betreffend die Räumung des Königlichen Jägerhofs zu Hannover von den darauf befindlichen französischen

Kranken. In einem Pro Memoria an die Königliche und kurfürstliche Geheime Rat-Stube verlautete aus Hannover unterm 6. September 1758:[24]

Es hat der Oberforst= und Jäger=Meister Graf von Oeynhausen bey Königl. Cammer nachgesuchet, daß Dieselbe deßen= bey Königl. Geheimte=Rath= Stube, um Räumung des Jäger=Hofes von dem Frantzösischen Hospital, gethane Vorstellung unterstützen möge.

Wie nun Dieselbe, dem vernehmen nach, dieserhalb mit Königl. Krieges= Cantzley in Communication getreten seyn und diese darauf eine Erklährung gebeten haben soll:

So erbittet sich Königl. Cammer davon einige Nachricht dienstlich, und hat mir aufgegeben, obiges in geziemenden Respect hiemit zu eröffnen.

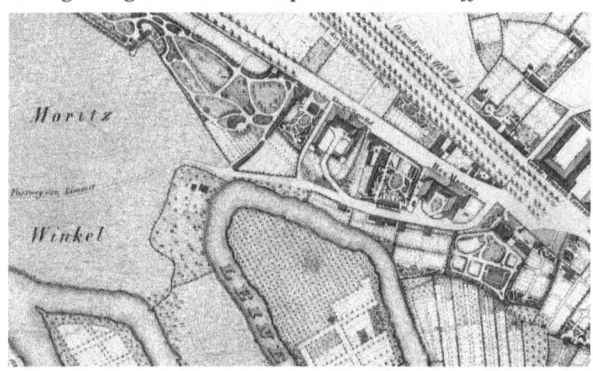

August Papen (1799-1858), der königlich hannoversche Premierlieutenant im Ingenieurkorps, vereinigte das Können eines Landvermessers, Kartographen und Unternehmers in einer Person. Unter seiner Leitung und mit Unterstützung der Landesbehörden wurde von 1832 bis 1847 ein topographischer Atlas des Königreichs Hannover und Herzogtums Braunschweig veröffentlicht. Der Atlas besteht aus 68 Kupferstichblättern im Maßstab 1:100.000. Papen stammte aus Pyrmont und war Sohn eines pensionierten holländischen Obersten, der Fürstlich Waldeckscher Kommandant gewesen war. 1817 trat Papen ins hannoversche Ingenieurkorps ein. Er studierte zeitweise bei Professor Carl Friedrich Gauß (1777-1855) in Göttingen. Dieser Ausschnitt aus der in den Jahren 1826 bis 1851 aufgenommenen und gezeichneten Karte von Hannover zeigt den links am Weg zum Georgengarten befindlichen Königlichen Jägerhof und das benachbarte Heumagazin. Der 1736 gebaute Maultierstall (nebst Schmiede, Wagenschuppen und Fouragemagazin), 1771 an die Militärverwaltung überwiesen, erfüllte mittlerweile seinen Zweck als Garde-Husaren-Kaserne. Repro: Blazek

Der Jägerhof lag am Südende des heutigen Georgengartens und war sowohl der Sitz des Oberjagddepartments als auch Wohnstätte für Jagdbeamte (Oberwildmeister, Wildmeister, Oberjäger, Hofjäger, die königlichen Jäger und der Büchsenspänner Seiner Majestät). Letztere hatten die Aufgabe, die Küche des königlichen Hofes in Hannover mit Wildbret zu versorgen.

Der Hannoversche Staatskalender „Aufs 1768. Jahr Christi" nannte im Abschnitt „Im Cellischen, mit Inbegriff der Niederhoya- und Dannenbergschen Aemter." die damaligen Forstbeamten. Es war eine Unterteilung in acht Abschnitte vorgenommen worden:[25]

Ober=Förstere.
Auf dem deutschen Jägerhofe.
Jäger auf dem Jägerhofe.
Caninichenmeister.
Phasanenmeister.
Vogelfänger.
Reitende Förstere.
Gehende Förstere.

An der Spitze der Hierarchie standen folgende Personen:

Herr Georg Ludewig, Graf von der Schulenburg, Oberforst- und Jägermeister, General-Lieutenant, auch Cämmerer und Droste zu Scharnebeck
Herr August Wilhelm von Winnigerod, Oberforstmeister in der Grafschaft Dannenberg, auch im Herzogthum Lauenburg
Herr Johann Friedrich Rohde, Forstsecretarius.

Der Bereich des Jägerhofes als Ansicht einer Postkarte, die am 1. Januar 1898 an Anni Muth in Kiel, Carlsstraße 30, adressiert wurde. Repro: Blazek

Als die Wolfsplage unerträglich wurde, ordnete der im Zeitraum 1648-1665 regierende Celler Herzog Christian Ludwig (1622-1665) umfangreiche Treibjagden an. Die Bauern wurden als Treiber aufgeboten. Doch sie scheuten die weiten Anmarschwege, mehr noch die Gefahren, die mit solchen Jagden verbunden waren. Da blieben sie, zumal im Winter, schon lieber hinter dem warmen Ofen sitzen und zahlten dafür ihre Strafe in Höhe von 3 Gutegroschen. In den Bruchregistern sind die Namen der Nachwelt erhalten: „Nachbenannte Personen aus Winsen/Aller haben eine Wulffsjagd uffm Hasel [Hassel] den 19., 20. und 21. Novembris 1651 vergessen: Heinrich Recken, Ernst Meier, Hans Köler, Christoffer Bußmann, Hans Schilling, Dietrich Hildebrandt, Hans Heinen, Hans Brandt, Franz Sengenstaken, Bern Bußmann, Paul Ripman."

Nach dem Dreißigjährigen Krieg war es den Einwohnern der Grafschaft Diepholz verboten, die Wolfsjagden selbst abzuhalten, weil dabei zu viele Rehe geschossen worden sein sollten. Unterm 10. Oktober 1655 erging eine Petition „Sembtlicher in der Grafschafft Eingeseßener", ihnen die Jagd als akute Notmaßnahme zu erlauben, weil allein im Sommer 1655 „über Tausent vnd mehr Thlr" (Taler) Schaden an Pferden, Kühen und anderem Vieh durch Wölfe entstanden sei. Christian Ludwig, Herzog zu Braunschweig und Lüneburg, in Celle trug in einer Verfügung an den Amtmann zu Diepholz, Johan Friederich Stolting, vom 17. Oktober 1655 Bedenken, den Gemeinden die Durchführung der Wolfsjagden wieder zu gestatten. In dem vom Herzog eigenhändig unterzeichneten Papier heißt es indes: „Wir haben aber unserm Oberförster zur Hoya Christian Sandern gnedigen Befehl ertheilet, sothane Wolfes Jagten nottürfftiger maßen in erwehnter unser Grafschafft ohne unser Unterthanen sonderbahre Beschwerung zu verrichten." Die Bauern mussten dabei treiben, und es waren hohe Strafen in dem Regulativ angesetzt, beispielsweise „Poen, der den Wulff versiehet und aus Unachtsamkeit durchlaufen läßt, 3 Rthlr."[26]

In alten Strafregistern von 1666 heißt es: „Hanß Stelter vom Stelterhof hat am 19. August die Wolfsjagd versessen. 8 Schilling Brüche."[27]

Im Jahre 1670 wurde vom ganzen Land Hadeln eine Wolfsjagd in Wanna abgehalten.[28]

Aus einem Schreiben des Geheimen Kammerrats J. V. Hakelberg in Celle an den Hofamtmann Johan Henrich Plünneken vom 21. September 1687 geht hervor, dass der „Meyer zum Ottenhause" die Wolfsjagd „versessen" und keine Krähenköpfe abgeliefert und dafür Brüche diktiert bekommen habe. Hierüber hatte die Domina des Klosters Wienhausen geklagt, und Hofamtmann Plünneken sollte hierüber Bericht erstatten. Vorangegangen war ein Schreiben von gleicher Hand an die fürstliche Kammer vom 17. September des Jahres. Die Domina zu Wienhausen hatte demnach darauf hingewiesen, dass „dergleichen Jagdt Dienste vor diesem von Ihren Hofe nicht geschehen, auch keine Kreyen Kopffe gefordert worden". Nun wurde aber deutlich darauf hingewiesen, dass die Wolfsjagd eine Landfolge sei und auch zum Besten des Viehs des Meiers geschehe, als ein „onus personale". Festgestellt wurde am Ende, dass die dem Meier für beide Posten auf dem Landgericht in Celle auferlegte Strafe nicht 31 Groschen 4 Denare, sondern 27 Groschen betragen sollte. Ein Jahr später, 1688, lag den Statthaltern, Kanzlern und Räten in Celle eine Beschwerde in der gleichen Sache vor, nachdem vom Pächter „zum Ottenhause" Frantz Bruns die Krähenköpfe und Jagdfolge abverlangt worden waren. Am 22. September 1688 verfasste Hofamtmann Plünneken seinen diesbezüglichen Bericht, der gesiegelt dem Kloster zuging.[29]

Die verstärkte Wolfsjagd und auch die Jagd auf Schwarzwild wurden im Fürstentum Lüneburg von Dezember bis Februar betrieben.[30] Die Nassau-Saarbrück-Usingische erneuerte Wald- und Forstordnung vom 11. Februar 1757 und die ihr angehängte Jagdordnung vom 4. Januar 1714 besagten in diesem Zusammenhang übrigens: „Zu den hohen und Wolfsjagden werden keine Leute angenommen, welche unter 18 und über 50 Jahr alt sind; wo hingegen zu den Treibjagden auch Knaben über 12 Jahr zugelassen werden. Leute, welche das 60ste Jahr zurückgelegt haben, sind mit Leistung von Jagddiensten zu verschonen." Wer zu Wolfsjagden dennoch Jugendliche oder auch „Weibspersonen" schickte, den erwartete eine Geldstrafe.

In einem Regulativ vom Jahre 1735 wurde festgesetzt, wo sich die Bauern zu versammeln und wie die Rottmeister sie zu führen hatten. Vier Trommler mussten den Wolf rege machen. War der Wolf erlegt, so wurde er nach Diepholz oder Lemförde geführt und dort öffentlich ausgehangen. Im Jahre 1735 kam es deswegen zu einem großen Streit zwischen dem Amtmann Heinrich Julius Strube von Lemförde und dem Forstmeister Schultze in Diepholz. Dieser behauptete nämlich, ihm sei die Wolfsjagd zu spät angesagt worden; nachher habe man den Wolf in Lemförde aufgehangen und ihm habe man zu seiner „Schimpfirung" das Luder zugesandt, obgleich der Balg Akzidenz der Jägerei sei. Auf diese Beschwerde antwortete der Oberforst- und Jägermeister: „Das gemeldete hätte der Hr. Forstmeister dem impertinenten Kerll wieder zu schicken und den botten mit einer Dracht Schläge demselben zur wieder Begrüßung zurückschicken." Der Amtmann aber ließ sich nicht bange machen. Er berichtete der kurfürstlichen Kammer, es würde eine Missstimmung entstehen, wenn man den Wolf nicht auch in Lemförde aufgehangen hätte, und die Kammer bestätigte den alten Brauch.[31]

Zur Wolfsjagd, die am 10. Mai 1735 um 6 Uhr in der Frühe durchgeführt wurde, liegt diese Notiz von Christian Hinrich von Ompteda, Oberhauptmann in Diepholz, vor:[32]

Pro Memoria

d 10ten Mey 1735 ist von der gantzen grafschafft Diepholtz bey den Tannen und auff den Stemwehder Mohr eine Wolffs Jagdt gehalten, und nachdem der Forstmeister Schultze die Wolffs Netze bey den wagenfeldschen Tannen stellen laßen, ist ein großer Wolff geschoßen, welcher zwischen Diepholz und St. Hülffe am wege in einen Eich Baum bey Rungen Kampe, auffgehangen worden.

CHVOmpteda.

Im Hümmling fand bis zur Mitte des 18. Jahrhunderts alljährlich im Februar eine Wolfsjagd statt. Wie zahlreich damals noch die Wölfe waren, geht daraus hervor, dass im Jahre 1740 in der Lüneburger Heide fünfzig Wölfe erbeutet wurden, und in einem Reskript vom Jahre 1726 wurde bestimmt, dass die Mittel für die sehr kostspieligen Wolfsjagden aus den Extraordinarien genommen werden sollten. Im Amt Lemförde fanden Wolfsjagden noch im 18. Jahrhundert statt, die letzte in der Grafschaft Diepholz wurde 1735 abgehalten.

Trotz der strengen Verfolgung und trotz der Schussprämie von 50 Talern, die in besonders schlimmen Jahren auf 100 Taler erhöht wurde, gelang es lange nicht, die Wölfe im norddeutschen Raum ganz auszurotten. Sie haben sich bis in die Mitte des 19. Jahrhunderts vereinzelt gehalten und oft großen Schaden angerichtet. Im Jahre 1750 wurde die Gegend zwischen dem Steinhuder Meer und der Aller von einem Wolf heimgesucht. Am 2. November 1752 wurde auf Befehl des Oberjägermeisters Friedrich Wilhelm Graf von Oeynhausen (1732-1778) eine große Treibjagd, an der 300 Untertanen aus vier hannoverschen Ämtern teilnahmen, abgehalten. Der Wolf wurde im Netz gefangen, mit einer Zange gepackt und in einem Kasten nach Linsburg gebracht.[33]

Im Oktober 1756, kurz vor dem französischen Einfall, wurden südlich von Celle eine alte Eiche und eine Birke, an denen von dem Förster zu Westercelle eine Wolfsangel angeschlagen worden war, vom Sturm umgeweht. Beide Bäume hatten auf dem zur Müggenburg gehörigen so genannten kleinen Camp gestanden. Als dann am 5. November 1756 die Brüder Bartold und Hennige Zackleben und deren Schwager Heineke Wöhler, alle aus Ramlingen, drei Fuder Pollholz wegfuhren, begann ein langwieriger Rechtsstreit, in dessen Verlauf es auch insbesondere um die genaue Grenze der Burgvogtei Celle gegen das Amt Burgdorf ging.[34]

In den folgenden Jahrzehnten waren die Schäden wesentlich seltener. Im März 1759 wurde ein Wolf bei Tostedt, im Mai 1763 in den Ämtern Harburg und Rotenburg und 1768 bei Hitfeld beobachtet.[35]

Nach den Rotenburger Akten wurden in der Zeit von 1763 bis 1766 im Amt 66 Wölfe erlegt; im letzten Jahr wurden 50 Taler an Prämien für erlegte Wölfe bezahlt.

1764 richtete ein Wolf nordöstlich von Schneverdingen große Viehschäden an. Aus diesem Grunde lobte das Amt Rotenburg die enorm hohe Summe von 50 Talern als Schussgeld aus, eine Prämie, die dem Zweijahreslohn eines Knechtes entsprach. Der Imker Riebezell konnte den Wolf schließlich nach vielen Bemühungen mit einem Vorderlader, der mit grobem Schrot geladen war, erlegen. Der Schütze, der den Wolf dem Amtmann vorlegen musste, wurde sehr belobigt.[36]

In Ostfriesland erlegte der Coldinner Bauer Harm Classen in der abgelegenen, fast nur von Schäfern bewohnten Heide bei Arle Anfang März 1776 einen Wolf, dem er bereits seit 1768 auf der Spur gewesen war. Hierzu gibt es noch einige genauere Mitteilungen:[37]

In diesem Jahre [1766] spürte man hier einen Wolf, eine seltene Erscheinung in dieser nicht waldigten und ebenen Provinz. Da der Wolf viele Schaafe zerriß, so wurden häufige Versuche gemacht, ihn zu fangen. Oefters wurden Wolfsjagden angestellt. Man hatte ihn einigemal in dem Kreis, und dennoch gieng er zwischen den Treibern durch, obschon einst vier Schüsse auf ihn fielen. Alle Abend lauerte ihm ein Jäger in einer besonders errichteten Wolfshütte auf. Dem Jäger wurde auf landschaftliche Kosten, um ihn aufzuspüren oder nachzusetzen, ein Pferd gehalten. Endlich wurde auf seinen Kopf erst eine Prämie von 50 und dann von 100 Thlr. gesetzet. Alles dieses half nichts. Zehn Jahr lang wirthschaftete der Wolf bald in Auricher=, bald in Bremer=, bald in Friedeburger=Amt herum, und trotzte den Jägern und allen zu seinem Untergang abzweckenden kostbaren Anstalten. Endlich gelang es 1776 einem Bauer den Wolf ohnweit Arle zu erschießen, und sich dadurch die Prämie zu verschaffen (r).

Forstmeister Schimmelfennig in Hannover, später Regierungs- und Forstrat in Magdeburg (1898 pensioniert), befasste sich aus gegebenem Anlass in einem Aufsatz ausführlich mit den Wolfsvorkommen in Ostfriesland im Zeitraum 1767 bis 1780:[38]

Es sei mir gestattet, aus alten Papieren über Wolfsjagden zu berichten, welche von 1766 bis 1772 in Ostfriesland allem Vermuthen nach auf einen und denselben Wolf angestellt worden sind.

Dem Oberförster Rosenthal in Aurich wurde vom Amt Esens angezeigt, daß am 29. April 1766 ein Wolf in der Nähe von Esens gesehen worden sei. Ungeachtet der Zweifel, welche wegen der Richtigkeit dieser Angabe der königlich preußischen ostfriesischen Kriegs= und Domainen=Kammer ausgesprochen worden, wird doch zum 13. Mai d. I. eine große Treibjagd abgehalten, bei welcher ein Wolf gesehen sein soll. Am 9. Juni desselben Jahres wird in der Oldenburgischen Grafschaft Jever, also drei Meilen weiter östlich, von der dortigen Jägerei ebenfalls auf Wolf getrieben, doch ohne Erfolg. Nun zeigt sich der Wolf im Herbst ganz im Westen von Ostfriesland im Amt Berum, dort findet am 15. Oktober desselben Jahres eine große Treibjagd statt.

Die Schützen versammeln sich auf der Coldinne und für die Treibwehr wird ein Entwurf ausgearbeitet, „wie bei der am künftigen Mittwochen, als den 15. Oktober anzustellenden Wolfsjagd die Aemter, Voigteyen, Kirchspiele und Dörfer sich versammeln und wie selbige aneinander schließen müssen, wenn der Kreis bei der Coldinne im Berumer Amte geschlossen werden soll." Es wurden die Männer aus 16 Ortschaften aufgeboten und in einem 9 Meilen umfassenden Kreise ausgestellt, von dem sie um 8 Uhr Morgens unter steter Fühlung nach beiden Seiten auf das Centrum bei Coldinne hintreiben sollten. In einer besonderen Instruktion wird den Treibern pünktliches Erscheinen anbefohlen, das Mitnehmen von Schießgewehren und Hunden ist verboten, dagegen können gute Schlitzen sich bei der Coldinne einfinden, sie dürfen ihre Gewehre aber bei 50 Thlr. Strafe nur mit grobem Schrot laden und keinen Schuß thun, als auf den Wolf.

Bei dieser Jagd soll auf einen Wolf geschossen sein.*) Als auf Betreiben der Aemter am 10. November d. J. wieder eine große Wolfstreibjagd bei Speckendorf, also wieder 2 Meilen östlich von Aurich, angeordnet war, die Treibwehr auch einen über 2 Meilen im Durchmesser haltenden Kreis bilden und theilweise schon bei Nacht und Nebel zur Stelle sein sollte, da konnten sich die biedern Ostfriesen nicht enthalten, den ihnen unentgeldlich zugemutheten Anstrengungen einigen Humor beizumischen.

*) *Bei den vorliegenden zahlreichen dienstlichen Korrespondenzen ist der Text ausnahmsweise deutlich und gut, man hat aber konsequent die Adresse französisch geschrieben: A Monsieur Rosenthal, Intendant des forêts pour Sa Majesté le Roi de Prusse*

H. Forst=S.   Aurich.

Die Treiber hatten sich möglichst viele Gewehre mitgenommen und arrangirten nun bei dem Avanciren nach dem Centrum kleine Treibjagden, indem die Schützen sich zweckmäßig immer wieder vorne postirten und die Trcibwehr ihnen dann das Wild zutrieb. Der arme Oberförster hörte die große Kanonade auf den Mooren und fand die Treiber mit großer Mühe dort auf, da ein heftiger Nebel jede Fernsicht verhinderte. Es gelang ihm noch 7 Hasen und 5 Füchse zu konfisciren, die man nicht schnell genug beseitigen konnte. Ein großer Straferlaß — für jeden Schützen 50 Thlr. — war die nächste Folge, indessen sind schließlich nur einige wenige Thaler wirklich eingezogen.

Oldenburgische Jagdbeamte zeigen an, daß der Wolf am 10. Januar 1767 über die preußische Grenze gewechselt sei. Am 18. Januar d. J. riß der Wolf bei Friedeburg in der Stroot zwei Schaafe. Aus den Acten erhellt nicht, ob man demnächst dort getrieben hat. Die nächste Wolfsjagd war bei Meerhusen — ½ Meile nordöstlich von Aurich — am 11. Januar 1767, ohne Resultat und nur veranstaltet, weil die Klagen sich bei der Kriegs= und Domänen=Kammer immer mehr steigerten und weil der Wildstand in Ostfriesland erheblich mitgenommen wurde. Am 15. Januar 1768 berichtete der Oberförster Rosenthal, daß der Wolf in der Zeit vom 26. Dezember 1767 bis zum 8. Januar 1768, also in 13 Tagen bei Aurich an Tannenwild 1 Spießer, 2 Schmalthiere, 3 Altthiere und 2 Stück Rehe, bei Ihlow an Tannenwild 1 Geltthier und 1 Schmalthier gerissen habe. Die Anstrengungen, um den Wolf endlich zu erlegen, wurden eifrigst fortgesetzt, namentlich wollte man den sehr beschädigten Wildstand schützen und legte zu dem Zwecke auf einer Eiche im Ochsenmeer bei Aurich eine Schieß=Hütte mir einem Kostenaufwande von 11 Thlr. 20 Sgr. an.

Die ferneren Berichte zeigen leider das Vergebliche dieser Bemühungen, Vom 8. Januar 1768 bis 29. Januar 1769 wurden in der Umgegend von Aurich wieder 6 Stück Damwild und 11 Rehe gerissen und dann bis zum 23. Januar 1770 noch 7 Stück Damwild und 1 Reh. Inzwischen war am 31. Mai 1769 noch eine und zwar die sechste große Wolfsjagd bei Coldinne abgehalten worden.

Nach einem Bericht vom 13. September 1770 ist der Wolf bei Utarg, also in der Nähe von Wittmund, gesehen und hat dort Schafe gerissen. Die Nachrichten schließen mit der Beschreibung einer großen Treibjagd bei Schoo, in der Nähe von Esens, nachdem man den Wolf dort ganz fest glaubte, indessen sollen die Treiber dabei ganz schlecht getrieben haben.

Schließlich sei noch bemerkt, daß der Wildstand in Ostfriesland, auf etwa 1000 Hektar Wald, trotz der Verluste durch den Wolf, doch noch zu Klagen der Landwirthe Veranlassung gab, die in den Jahren 1773, 1775 und 1780 laut wurden.

Eine Verfügung vom 19. Juni 1781, wonach das Rothwild bis auf 30 Stück abgeschossen werden sollte, scheint nicht gehörig befolgt zu sein, da nach einem von dem Departements=Rathe aufgenommenen Protokolle vom 5. Juni 1782 bei Aurich noch 40 Stück Rothwild, 30 Stück Damwild (Tannenhirsche) und 25 Rehe und in der Ihlower Forst noch 130 Stück Rothwild vorhanden sein sollten. Nachdem aber von 1782 bis 1786 in Ihlow 23 Stück Rothwild abgeschossen waren, soll nach dem Berichte vom 6. März 1787 fast gar kein Wildstand mehr vorhanden gewesen sein!

Wenn nicht die Wilddieberei ganz arg betrieben worden ist, so werden beide Berichte wohl stark übertrieben haben, der starke Wildstand in Ihlow auf 220 Hektar ist wenigstens höchst unwahrscheinlich.

Nach einer längeren Schonung des Wildstandes sind im Jahre 1797 — auf wiederholte Klagen der Landwirthe — bei Aurich 60 Stück Rothwild bestätigt und ist ein stärkerer Abschuß befohlen, der dann wohl bis zur gänzlichen Ausrottung dieses edlen Wildes fortgesetzt ist. Wenigstens gibt ein Bericht vom Jahre 1799 den Wildstand bei Aurich an, bestehend aus: 17 Stück Damwild und 9 Rehe und im Jahre 1801 wurde bei einem Bestände von 7 Stück Damwild das Verbot ferneren Abschusses desselben erlassen.

Gegenwärtig haben wir in den ostfriesischen Forsten einen geringen Rehstand, Roth= und Damwild sind ganz verschwunden.

Noch bis Mitte des 19. Jahrhunderts wurden die Wölfe in Niedersachsen regelmäßig ausgemacht und als Nahrungskonkurrenten bejagt. Zwar war Norddeutschland seit dieser Zeit weitgehend wolfsfrei; dennoch wurden laut dem Sachbuchautor Erich Hobusch beispielsweise im Jahre 1885 insbesondere in den östlichen Landesteilen noch 79 Tiere zur Strecke gebracht (davon 22 lebend gefangen).[39] Da waren Wölfe in Niedersachsen längst Geschichte. Der letzte Wolf im Wietzenbruch wurde 1851 bei Fuhrberg, der letzte Wolf in Niedersachsen 1872 bei Wardböhmen erlegt. Der vorerst letzte frei lebende Wolf in Deutschland kam im Jahre 1904 in der Lausitz zur Strecke.

Das Jahrbuch des Provinzial-Museums (heute: Niedersächsisches Landesmuseum) Hannover berichtete bereits 1906 über die letzten „verirrten" und erlegten Wölfe in unserer Heimat:[40]

Der Wolf. Canis Lupus L. Nachrichten über das Vorkommen des Wolfes liegen in Menge vor. Die vorletzten Harzwölfe wurden 1753, der letzte Wolf im Harz 1797 geschossen. Im Anfang des neunzehnten Jahrhunderts traten Wölfe garnicht so selten im ebenen Hannover auf; 1824 wurde bei Ehra, 1839 (sic! 1838) bei Schönewörde, 1840 bei Walsrode, 1842 bei Nienburg, 1843 bei Rethem, 1851 im Wietzenbruche bei Fuhrberg, 1852 in der Goehrde je ein Wolf geschossen; letzterer steht gestopft im Jagdschloß, der Schönewörder und der Wietzenbrucher Wolf sind im Provinzial-Museum, der Ehraer ist im Besitz des Grafen Schulenburg-Wolfsburg. Noch viel später verirrten sich einzelne Stücke zu uns; ein 1870 bei Erpensen bei Wittingen geschossenes Stück besitzt Tierarzt Oelkers-Wittingen; in demselben Winter wurde bei Kakau bei Schnega noch einer geschossen. Der letzte nordwestdeutsche Wolf, ein sehr starker, silbergrauer Rüde, riß 1872 in der Raubkammer viel Schafe und wurde in demselben Jahre vom Förster Grünewald im Becklinger Holze bei Wardböhmen, Kreis Celle, erlegt. Sein Balg wurde zu einem Fußteppich verarbeitet, anstatt dem Museum zugewiesen zu werden. In Nordost- und Südwestdeutschland erscheint der Wolf als nicht sehr seltener Irrgast.

Im Provinzial-Museum wurden die beiden Präparate von 1838 (dort erst 1881 erworben) und 1851 mit den Nummern 237 und 238 inventarisiert, sie sind dort heute nicht mehr vorhanden.

In den zu Ende des 18. und Anfang des 19. Jahrhunderts wieder tobenden Kriegswirren war die Jagd auf den Wolf schwer durchzuführen und wurde deshalb vernachlässigt. 1798 wurde der Wolf an verschiedenen Stellen ausgemacht. Der Königliche Jäger und spätere Oberförster Ernst Ludewig Schröter in Fuhrberg meldete dem Amt Neustadt, dass der Wolf wieder in das Amt Neustadt eingewechselt sei, und beantragte, sofort eine Jagd anzusetzen. Diese wurde von dem Amt auf den 5. Juli anberaumt. Von 1790 bis 1800 erlegte man noch im Ganzen drei durchstreifende Wölfe, und zwar bei Celle, dann im Amt Gifhorn und den dritten im Amt Winsen an der Luhe am 1. September 1798.[41]

Unterm 16. Dezember 1796 zeigte das Amt Wölpe der Königlichen Churfürstlichen Kammer Hinweise auf einen im dortigen Amt gespürten Wolf an: „Ew. zeigen wir die unangenehme Gegenwart eines Wolfs, von dem sich seit dem eingefallenen Schnee die erste Spur gezeigt hat, erst jetzt untertänig an, weil wir erst völliger Gewisheit von seiner Existenz oder doch wenigstens sehr hohe Spuren der Warscheinlichkeit haben wollten. Nach der vielfältig und noch vorgestern vom Oberförster Schuster nebst mehreren Jagdkennern untersuchten Fährte, nach der Spuren von zerrissenen Damm Wildpret, wobei, wie ich der Amtschreiber, mich durch den Augenschein davon überzeuget habe, die Fährte des Wolfs zu sehen war, nur nach der bei uns eingegangenen Anzeige von drei ohnweit Hämsen im hiesigen Amte angefallenen und zum Teil zerfleischten 3 Rindern, die nach der Fährte von dem nemlichen Feinde verfolgt waren, als sie sich des Abends im Bruche verspätet – nach allem diesem ist es jetzt keinem Zweifel mehr unterworfen, daß ein Wolf hier in der Nähe – und warscheinlich im lichten Moore am mehrsten sich aufhält, seine Narung aber in den benachbarten Wildbahnen sucht."[42]

Die „Zeitschrift für alle Freunde der Natur" „Kosmos" weiß zu berichten, dass im Jahr nach der Völkerschlacht bei Leipzig, 1814, ein Wolf bei Bleckmar (bei Bergen) erlegt worden sei. Offensichtlich war dies der erste der insgesamt 15 Einzelwölfe, die im 19. Jahrhundert in der Lüneburger Heide erlegt worden sind.[43]

Nach Kenntnisnahme von dem Erfolg bat der Oberforstmeister Ludewig von Monroy in Celle sogleich am 29. Januar 1814 den Amtschreiber in Bergen, den von den Eingesessenen zu Bleckmar erlegten Wolf an den Federschütz Johann Nickel vor dem Hehlenthor in Celle abliefern zu lassen. Am 5. Februar 1814 teilte derselbe mit, dass er bei der Königlichen Kammer um Auszahlung der Prämie von 50 Talern für die Eingesessenen zu Bleckmar nachgesucht habe.[44]

Im Jahre 1814/15 richtete ein einzelner Wolf mit Schwerpunkt im Forstrevier Malloh bei Knesebeck besonders unter dem Rehwild großen Schaden an. Auf den 22. April 1815 wurde ein Hauptjagdtag anberaumt, an dem etwa 4000 bis 5000 Treiber mitwirken sollten. Den Plan dazu entwarf Oberförster Ernst Ludewig Schröter zu Stellfelde.[45]

Am 15. Dezember 1817 wandte sich das Amt Knesebeck an das Königlich Großbritannisch-Hannöversche Kabinetts-Ministerium: „Unterm 13ten September 1815 und 18ten November 1816 ist bereits vom hiesigen Amte der Königl.

Regierung sowohl als Königl. Cammer Anzeige gemacht von dem großen Schaden, welchen ein sich in hiesiger Gegend herumtreibender Wolf verrichtet ..."[46]

Am 20. März 1820 berichtete der Förster Rickel zu Malloh an die Forstinspektion Wahrenholz über „die zweckmäßigere Einrichtung der früher hier angelegten Wolfshütte".[47]

Am 17. Dezember 1822 wurde nordwestlich von Walsrode der letzte Wolf im Amt Fallingbostel geschossen.[48]

Der von Hermann Löns (1866-1914) im Jahrbuch des Provinzial-Museums in Hannover für 1905/06 angegebene Abschuss eines Wolfes bei Ehra im Amt Knesebeck im Jahre 1824 erfolgte genau genommen durch den Revierförster Wilhelm Schrader, der für den Grafen von der Schulenburg arbeitete, am Morgen des 13. Dezember 1824 auf der Höhe 125 im Bockling. Der präparierte Wolf war als Sehenswürdigkeit auf einem Sockel unter einer Akazie im Park des Schlosses Wolfsburg bei Fallersleben zu bewundern. Bei dem Wegzug im Jahr 1942 nach Neumühle (Altmark) nahm Günther Graf von der Schulenburg-Wolfsburg die Trophäe mit, wo sie unter der russischen Besatzung verloren ging.[49]

Revierförster Wilhelm Schrader, der für den Grafen von der Schulenburg arbeitete, erlegte am Morgen des 13. Dezember 1824 im Bockling einen Wolf. Kupferstich von 1825.
Erledigte Versteigerung bei www.reiss-sohn.de. Repro: Blazek

Im Jahre 1826 wurde dann das Auftreten der Wölfe in erhöhtem Maße festgestellt. Die in Stuttgart und Tübingen aufgelegte „Allgemeine Zeitung für das Jahr 1826" vermeldete in ihrer Beilage Nr. 70: „Deutschland. Hannover, 3 März. (...) In der Amtsvogtei Winsen ward ein Wolf gespürt, und mehrere sollen im Mecklenburg'schen umherstreifen." Und in der Beilage Nr. 179: „Hannover, 20 Jun. (...) In den Wäldern, unter den Heerden von Lüneburg, haust jetzt ein Wolf, obgleich die große Jagd auf ihn gemacht worden. Er wird noch ein Abstreifer von der aufgewucherten Wolfsbrut aus den russischen Leichenfeldern seyn."

Am 14. Juni 1826 meldete der Obervogt G. W. Himmel in Rodewald dem Amt Neustadt, dass der Wolf im dortigen Bruch Kälber und Fohlen gerissen habe, und beantragte die sofortige Jagd auf den Viehräuber, den Wolf, da dieser vergangene Woche vom dortigen Vollmeier Thieß aus der niedern Bauerschaft unweit Almshausen gesehen worden sei. Den gleichen Antrag richtete am 17. Juni der Oberförster und Vogt Carl Heinrich Rechtern in Linsburg (Amt Wölpe) an das Königliche Amt zu Neustadt a. R.[50]

Ein Erfolg wurde nicht gemeldet. Auch die nächste Jagd am 17. Juli, von dem Gehegereuter Schramm in Rodewald beantragt, brachte nicht den erwarteten Erfolg. Die Räubereien des Wolfes hörten in diesem Jahre (1826) nicht auf; immer wieder war es die Umgebung von Nienburg/Weser, die heimgesucht wurde.[51]

Das Amt Nienburg zeigte der Jagdinspektion Nienburg, Oberförster Friedrich Ludewig Emilius Erdmann in Leese, an, dass in der Nacht vom 28./29. Juli der Wolf zwischen Drakenburg und Rohrsen in einer Schafherde großen Schaden angerichtet habe; eine Jagd sei dringend notwendig. Eine am 29. Juli bei Neustadt abgehaltene Jagd verlief wieder ohne Ergebnis. Am 4./5. September drang ein Wolf bei Leseringen in eine Schafherde ein, zersprengte sie und flüchtete in der Richtung auf Forst Krähe bei Nienburg. Am 6./7. September brachen Wölfe in eine Rinderherde ein und rissen zwei Rinder. Eine am 12. September abgehaltene Jagd war aber wieder vergeblich. Die Schützen hatten auf Fuchs, Hase und Birkwild geschossen und damit die Wölfe verjagt.[52] Und bei dieser Jagd waren die Einwohner Friedrich Blok und Heinrich Kregel aus Husum und Wilhelm Benning aus Langendamm „durch die von Seiten des Königlichen Oberjagddepartements angestellten Schützen mit Hagel geschossen und verwundet worden", wie das Königlich Großbritannisch-Hannöversche Amt Wölpe am 2. November 1826 berichtete.[53]

Der Reiseschriftsteller Johann Georg Kohl (1808-1878) bekam für einen Aufsatz im „Bremer Sonntagsblatt" über das Steinhuder Meer (1862) noch einen Zeitzeugen zu Gesicht, der ihm von einer dieser vergeblichen Jagden berichtete.[54]

Es war, so erzählte mir ein Augenzeuge, im Winter besagten Jahres ein Wolf aus Osten gekommen, der die ganze Gegend am Steinhuder Meer allarmirte. Er brach in die Schaafställe der Leute von Schneeren. Er zerriß die jungen Kälber der Hirten von Mardorf. Da er bis hoch in den Sommer hinein sich aller Nachstellungen entzog, so setzte er auch die »Badrehburger« in Furcht und Schrecken. Die Badegäste genossen damals im Sommer 26 ihre Spaziergänge nur mit Zittern und Zagen, machten ihre Ausflüge nicht anders, als truppweise zu sechs oder zehn, und ließen sich dabei von einem Jäger mit geladener Flinte begleiten.

Endlich beschloß man dem Ungeheuer auf gründliche Weise den Garaus zu bereiten. Ein großes Treiben wurde aufgeboten, nicht weniger als 4000 Bauern mit Knütteln und Stangen. Alle Förster und Jäger der ganzen Umgegend von Nienburg, von Neustadt, von Stolzenau an der Weser, von Rehburg, von Wunstorf etc. setzten sich in Kriegsbereitschaft. Jeder Förster hatte 100 oder 200 Bauern unter seinem Befehle und das Ganze wurde wieder von einem hohen Jagdbeamten commandirt.

An einem im Voraus bestimmten Tage marschirte die gesammte Armee truppweise aus. alle auf das Steinhuder Meer in der Mitte zu. Beim sogenannten »Hüttenbruch«, einem Walde im Nordwesten dieses Sees war das allgemeine Rendezvous angesagt. Dahin sollte Isegrim zur Schlachtbank getrieben werden. Es war streng verboten auf irgend etwas Anderes, als einen Wolfspelz loszubrennen, und alles übrige Gethier, das bei dieser Gelegenheit in den weiten Regionen zusammengescheucht werden möchte, sollte freien Laufpaß erhalten. Auch sonst waren noch viele zweckmäßige Vorkehrungen getroffen und Gebote gegeben.

Und an dem besagten Tage mit der Morgendämmerung setzte sich die gesummte Schützen- und Treiberarmee aus einem Striche von 16 Stunden im Umkreise in Bewegung. Es waren nicht weniger als 40 Förster und Oberförster dabei und dazu auch noch mehre Militärs und andere Jagdliebhaber. Frischen Muthes, klappernd und lärmend brachen sie über die »Rehburger Berge«, und durch das »todte Moor« durch den »Grinder Wald«, beim einsamen »Bannsee« vorbei und durch den »Hüttenbruch« in das Steinhuder Meeres-Becken herein. Eine Masse von Hasen, Rehen, Füchsen etc. die sie aus ihren ruhigen Verstecken aufscheuchten, trieben sie vor sich her. Aber der gefürchtete Erbfeind alles dieses Gethiers wurde nirgends entdeckt.

Endlich gegen Abend trafen die Schaaren in der offenen Ebene im Osten des »Hüttenbruchs« an dem bestimmten Rendezvous zusammen. Sie mußten das betrübende Geständniß laut werden lassen, der Wolf sei ihnen entschlüpft. Er hatte sich, wie man später in Erfahrung brachte, durch den Kreis seiner Verfolger westwärts durchgeschlichen, war über die Weser geschwommen, hatte die Wesergebirge und den Teutoburgerwald traversirt, und ward schließlich im Münsterschen erlegt.

Damals, als sie am Rande des Hüttenbruchs sich einander gegenüber standen, wußten dies die 4000 Jäger noch nicht. Sie sahen nur, daß die Hauptperson nicht unter ihnen war. Und kaum hatten sie dieß erkannt, so machte sich ihr Unwille trotz aller Verböte in einer wilden Verfolgung der Thiere Luft, die sie statt des Wolfes eingekreist hatten. Die Bauern erschlugen jauchzend eine Menge Hasen, 24 Füchse und viele Rehe wurden von den Herren erlegt. Wer nichts anderes erwischen konnte, der feuerte seine Flinte auf eine Eule ab, oder holte einen Habicht aus der Luft. Einige schössen auch ihren Bauern und Gefährten in die Waden, was bei der Unordnung kaum zu vermeiden war. Und kurz es war ein so arges »Viel Geschrei und wenig Wolle«, daß am Ende der Rechnung der Eine 10, der zweite 20 Thaler Strafe bezahlen und andere sogar die von ihnen verwundeten armen Landleute Monate lang verpflegen lassen mußten. — Russische Bauern, die, »wenn der Wolf kommt«, lange nicht so viel Umstände machen, ihm vielmehr oft einzeln und mit einem Knüppel zu Leibe gehen, hätten wohl herzlich dazu in's Fäustchen gelacht.

Auch hier am Steinhuder Meer machte man später die Sache einfacher, als im Jahre 1845 der Wolf diesen Gegenden noch einmal einen Besuch abstattete. Man veranstaltete da eine ganz kleine Jagd von wenigen guten und kundigen Schützen, und bekam denn auch den Unhold. Man erlegte ihn am Grinderwalde *im Norden des todten Moores und des Bannsees. Er wurde ausgestopft und in Hannover den übrigen 20 in verschiedenen Partieen der Lüneburgischen Haiden und Moräste erlegten Wölfe, die man dort im königlichen Forsthause aufgestellt hat, beigefügt.*

„Der Gesellschafter oder Blätter für Geist und Herz" sah es in seiner Ausgabe vom 24. Juni 1826 so: „Ein etwas sehr zudringlicher Wolf erregt gegenwärtig hier großes Aufsehen ... Man hat ein großes Kreisjagen angestellt, und außer den Jagd-Offizianten alle guten Schützen und Jagdliebhaber in und um Hannover eingeladen, den ungebetenen Gast erlegen zu helfen. Dieser Feldzug war vergebens. Bei einer acht Tage später stattgehabten kleinen Treibjagd kam das Raubthier wirklich hervor. Ein gesegneter Schlaff hatte einen der Schützen, dem der Wolf so nahe kam, daß er ihn hätte greifen können, sanft eingewogen und ihn, wie er vielleicht geglaubt haben mag, zum Meisterschuß nicht aufgeweckt. (...) Hoffentlich wird die auf seine Niederlage ausgesetzte Prämie von 100 Thaler dem Visir der gezogenen Büchse die beste Stimmung geben. (Georg Harrys)"

Noch im 19. Jahrhundert trieben sich einzelne Wölfe auf dem Gebiet des Königreichs Hannover herum, von denen man annahm, dass sie von Osten herübergewechselt seien. Der letzte heimische Wolf in Norddeutschland wurde laut handschriftlichem Hinweis im Herbst 1820 im Brokenlander Gehölz am Vierkamp bei Neumünster in Holstein getötet.[55]

„Der Naturfreund" stellte 1834 eine bereits recht überschaubare Anzahl von Wolfsvorkommen im deutschsprachigen Raum fest: „In Deutschland finden sich noch Wölfe an der östlichen, südlichen und westlichen Grenze. In Nieder-Oestreich kommen sie auch noch in der Gegend des Schneebergs und Oetschers vor. bei Gutenstein, Lilienfeld u. s. w. Dann im Oberösterreichischen Alpenzuge, von wo aus sie bisweilen in die niedern Berge streifen und nicht allzuselten, besonders zur Winterszeit, selbst die Thiergärten nächst Auhof bei Wien besuchen, wo deren mehrmals und zwar noch im Jahre 1826 einer geschossen worden ist. Auch in Mähren und Böhmen erscheint der Wolf noch, und schleicht herüber in die Lausitz bis über die Grenze von Sachsen, wo der letzte im Jahre 1814 bei Dippoldiswalde geschossen wurde. In Schlesien treten nur selten einzelne aus Pohlen zur Winterszeit über, auch in Baiern erscheint er höchst selten. Weniger selten sehen ihn die Gegenden am Rhein, und in Belgien soll sich in den letzten Jahren wieder eine Zahl dieser Raubthiere vermehrt haben."[56]

Mit Schreiben vom 19. Dezember 1836 zeigte das Gericht Gartow an, dass von den Forstbedienten des dortigen Gerichts seit etwa sechs Wochen Spuren eines umherstreifenden Wolfes in den dortigen ausgedehnten Forsten und Dickungen ausgemacht worden seien. Im nächsten Jahr liefen beim Königlichen Oberforstamt zu Hitzacker Klagen ein, besonders aus der Gegend von Wittingen und Brome. Bei Weyhausen an der Aller wurde ein Füllen und bei Osloß im Amt Fallersleben wurden fünf Schafe gerissen. Vom Amt Knesebeck wurde beantragt, eine Treibjagd durch die Ämter der Umgebung abzuhalten; doch der Hannoversche Jägerhof war der Ansicht, dass Zeit und Kosten nicht im Verhältnis zum Erfolg stünden. Die in den letzten 50 Jahren herübergekommenen vier Wölfe seien immer gelegentlich getötet worden, die auf sie angesetzten Treibjagden hätten keinen Erfolg gehabt.[57]

> (98.) **Bekanntmachung der Königlichen Landdrostei zu Lüneburg, betreffend die Erlegung des in hiesigem Landdrostei-Bezirke verspürten Wolfes.** Lüneburg, den 22sten October 1837.
>
> Da seit längerer Zeit im Amte Knesebeck und in den Gerichten Gartow und Brome ein Wolf umherstreift, welcher noch nicht hat erlegt werden können; so wird unter Genehmigung des Königlichen Ministeriums des Innern, demjenigen, welcher dieses Raubthier erlegen und abliefern wird, eine Belohnung von **funfzig Thalern** hiemit zugesichert.
> III. 17
>
> [Ausgegeben zu Hannover, den 15ten November 1837.]

Für das Erlegen eines Wolfes wird 1837 eine Belohnung von 50 Talern ausgesetzt. Aus der Gesetzsammlung für das Königreich Hannover. Repro: Blazek

Im Frühjahr 1838 wurde der Wolf im Amt Meinersen gespürt; er hatte im Hänigser Holz ein Schwein gerissen. Der Gogräfe zu Uetze zeigte das Vorkommnis beim Amt Meinersen an, welches seinen Bericht am 24. Januar 1838 an die Königlich-Hannoversche Landdrostei zu Lüneburg schickte. Als der Wolf dann nach der Anzeige des Gogräfen H. C. Diermissen von neuem ein Schwein gerissen habe, diesmal im Uetzer Bruch, berichtete das Amt Meinersen der Landdrostei am 25. April 1838 erneut. Im Sommer meldete die Amtsvogtei Eicklingen, dass ein Wolf, der schon im Winter gespürt worden sei, der aber seit vier Wochen seinen dauernden Aufenthalt hier zu haben scheine, großen Schaden angerichtet habe. Auf dem Hahnenmoor bei Müden an der Aller seien sogar bei Tage und in Anwesenheit des Schäfers sechs Schafe, bei Bröckel ein Fohlen des Interimswirtes auf dem Sohnemannschen Hof zu Schepelse im Wert von acht Pistolen und ein Fohlen des Kötners Suerburg zu Bröckel im Wert von sechs Pistolen zerrissen worden.

Nach Äußerung des Forstinspektors Johann Christian Schröter in Dannhorst (bei Wathlingen) würde nur dann zu erwarten sein, das Raubtier zu töten, wenn zwei Feldjäger in diese Gegend geschickt würden und vier bis sechs Wochen die Forsten durchstreiften.[58]

Einige Zeitungen berichteten nun von einer Wolfsjagd zwischen Schillerslage und Celle, an der immerhin über 3000 Menschen beteiligt gewesen sein sollen. So groß war das Interesse, das Raubtier aus dem Wege zu räumen. Anlässlich dieser Jagd sollten beispielsweise die Nienhäger ihr Vieh am Rande des Forstortes „Brand" halten. Aus jedem Haus hatte ein Mann um vier Uhr morgens – bei Androhung einer Strafe von zwölf Gutegroschen – nach Wathlingen zum dortigen Försterhaus an der Kirchstraße zu kommen. Damit kein Unglück geschah, durfte niemand ein „Schießgewehr" mit sich führen.[59]

„Sundine", ein in Stralsund aufgelegtes Unterhaltungsblatt für Neu-Vorpommern und Rügen, berichtete in ihrer Beilage vom 18. Juni 1838, gleichlautend mit den „Neuesten Begebenheiten des Jahres 1838":

Am 1. Juni fand zwischen Schillerslage und Celle eine große Wolfsjagd statt, zu welcher sich nicht weniger als 200 Jäger eingefunden hatten, und zu welchem

3000 Treiber aus 6 Aemtern aufgeboten waren. Der Wolf aber hatte eine bessere Nase, als alle 3200 Menschen, die kein weiteres Vergnügen von der Sache gehabt hatten, als sich müde Beine zu holen. Niemand hat das Raubthier auch nur ein Mal gesehen, obschon es sich noch Tage zuvor bei Burgdorf aufgehalten haben soll.

Der Wolf narrte die Menschen. In der Beilage zur „Frankfurter Ober-Postamts-Zeitung" vom 10. September 1838 verlautete:

Hannover, 7. Sept. In der Gegend von Meinersen und Eicklingen streift wieder ein Wolf, der bereits beträchtlichen Schaden angerichtet hat. Von der Landdrostei zu Lüneburg ist für die Erlegung dieses Raubthieres eine Belohnung von 50 Thlrn. zugesichert worden.

Erst einige Monate später wurde dieser Wolf erlegt. Der gehende Förster Vaeß, Träger der Waterloo-Medaille und Besitzer der Kriegs-Denkmünze für 1813, hatte das bei Schönewörde im Zuständigkeitsbereich der Oberförsterei Knesebeck am 26. Dezember 1838 zur Strecke gebrachte Tier übrigens eher zufällig bei einer Treibjagd auf Füchse erlegt.[60]

Der gehende Förster Vaeß, Träger der Waterloo-Medaille und Besitzer der Kriegs-Denkmünze für 1813, war bei Knesebeck am 26. Dezember 1838 eher zufällig erfolgreich. Frankfurter Ober-Postamts-Zeitung vom 31. Dezember 1838. Repro: Blazek

Das Interesse der Zeitungen im deutschsprachigen Raum an diesem Ereignis war groß. Übereinstimmend berichteten zahlreiche Zeitungen aufgrund eines Beitrags in der „Hannöverschen Zeitung", wie hier die „Allgemeine Zeitung von und für Bayern" in ihrer Ausgabe vom 2. Januar 1839:

Hannover, 28 Dez. Der Wolf, welcher seit mehreren Jahren im Lüneburgischen Heerden und Wildbahn beunruhigte, und bedeutenden Schaden angerichtet hat, und nach welchem im vergangenen Sommer von Seiten des Königl. Jägerhofes eine zwar gut geleitete, jedoch vergebliche Jagd angestellt wurde, ist erlegt, und zwar – wie es bei ähnlichen Fallen in der Regel geschah – gelegentlich. Im Amte Knesebeck, bei Schönewörde, wurde am zweiten Weihnachtstage ein kleines

Holz, der Dreierbusch, nach einem angeschossenen Fuchse still abgetrieben. Der auf kahlem Moore angestellte Förster Vehs sah hier den Wolf, der ihm flüchtig und spitz entgegensprengte. Sein Gewehr war nur mit Hagel geladen. Kaltblütig erwartete er ihn auf 9 Schritt, drückte ab, und mit Hagel Nro. 3 getroffen, stürzte das mächtige Raubthier ihm fast zu Füßen nieder. Der Wolf wurde am hiesigen Jägerhofe abgeliefert. Es ist ein schöner männlicher Wolf, kein Bastard oder sogenannter Wolfshund, wie man anfänglich hin und wieder glaubte. Die Länge seines Körpers beträgt 4 Fuß 5 Zoll, des dickbehaarten Schwanzes (Standarte) 1 Fuß 7 Zoll, der Fangzähne 1 1/2 Zoll. Die Höhe ist 3 Fuß 3 Zoll. Er wiegt 95 Pfund. Obgleich er nicht die Größe des vor mehreren Jahren bei Schulenburg-Wolfsburg erlegten erreicht, so gehört er doch zu den großen ausgezeichneten Exemplaren. Er scheint aus den östlichen Gegenden Europa's sich hieher verloren zu haben, da die Wölfe aus den Rheingegenden kleiner und röther gefärbt sind.

Der von Förster Vaeß am 26. Dezember 1838 bei Knesebeck erlegte Wolf wurde präpariert. Der Präparator am Provinzialmuseum Hannover, Carl Schwerdtfeger, arbeitete 1936 noch einmal intensiv am Modell. Historisches Archiv der Fotokunde

In der Nacht vom 5./6. Juli 1842 brach ein Wolf in die Schafherde der Domäne Schäferhof bei Nienburg ein, war dann am 12./13. und 13./14. Juli bei Nienburg und Langendamm, am 23. September auf dem Weißenfelde bei Vorwerk „im Oehmer Holze", Amt Stolzenau, und schließlich Ende November bei Liebenau beobachtet.[61]

1843 fingen die Klagen über den durch den Wolf angerichteten Schaden schon frühzeitig an; das Amt Ahlden beantragte am 14. März bei dem Ministerium die Auslobung einer Prämie von 10 Talern für die Erlegung eines Wolfes.[62]

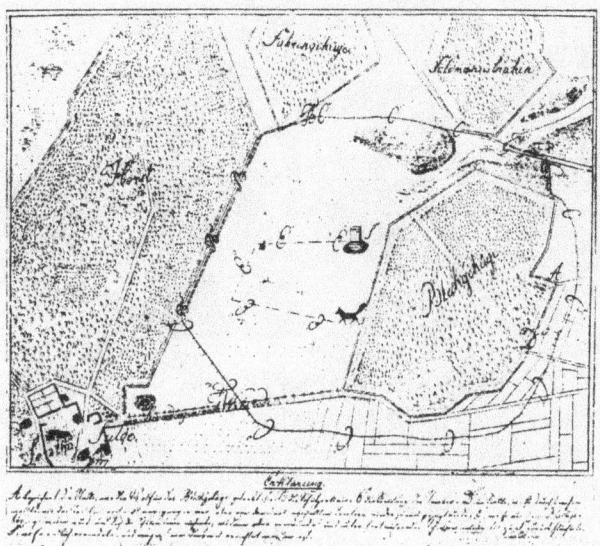

Darstellung der Wolfsjagd von 1843. Die Heide, Februar 1927, S. 459. Repro: Dolly Dietrich

Am 17. September 1843 leitete der für das Amt Rethem zuständige gehende Förster und Gogrefe August Ruschenbusch (1783-1874) aus Fulde (Walsrode), der eher zufällig von der Anwesenheit des Wolfes im Fulder Forst- und Jagdrevier erfahren hatte, die Jagd auf den letzten großen Wolf im Bleckgehege bei Dreikronen und erhielt eine Prämie von 50 Talern dafür. Die Feststellung des erfolgreichen Schützen gestaltete sich damals schwierig; eine große Anzahl von Schützen hatte nämlich auf den Wolf geschossen. Nach dem Bericht des Revierförsters Ruschenbusch hatten der Forstlehrling Ernst Bucky aus Stellichte, den Ruschenbusch mit Blick auf dessen Gesuch vom 22. September 1843 um Auszahlung der Prämie als Querulant bezeichnete, und der Kellerwirt Heinrich Precht aus Walsrode einen Kugelschuss angetragen, der Fangschuss aber sei durch seinen Jäger Grütter und den Sohn Ruschenbuschs erfolgt. Ein großer Streit zwischen Bucky, Precht und dem Feldjäger Kranold aus Walsrode, der seinerseits dem Amt Rethem gegenüber am 21. September 1843 behauptete, den Wolf mit seinem dritten Schuss getötet zu haben, setzte ein, und schließlich entschied das Hohe Ministerium am 10. April 1844. Dem Revierförster Ruschenbusch wurde als Leiter der Jagd die Prämie von 50 Talern ausgezahlt. Erheblicher Widerspruch schloss sich an, da Bucky und Precht die Prämie in erster Linie für sich verlangten.[63]

1850 wurde das Gogrefe- und Forstamt in Rethem aufgelöst, und August Ruschenbusch ging in den Ruhestand. Am 13. März 1874 starb er in Walsrode.

Der Wolfstein bei Dreikronen, der aufgestellt wurde, nachdem 1843 der letzte Wolf in der Region erlegt worden war. Foto: Dolly Dietrich

Das in Leipzig von der Verlagsbuchhandlung F. A. Brockhaus herausgegebene „Pfennig-Magazin für Belehrung und Unterhaltung" berichtete in seiner Ausgabe vom 1. Juni 1844 über einen bei Walsrode erlegten Waschbären und einen in der Niederlausitz getöteten Wolf:

Jagdmerkwürdigkeiten. Im vorigen Herbst wurde bei Walsrode im Cellischen ein Waschbär geschossen, der vermuthlich aus einer Menagerie entsprungen war. — In den niederlausitzischen Forsten hatte sich seit dem vorigen Sommer ein Wolf sehen lassen. Zerrissene Rehe, Schafe und alte Pferde ließen auch den Ungläubigen keinen Zweifel mehr. Erst im Januar d. J. gelang es, denselben zu erlegen. Es war ein Wolf von besonderer Stärke und wog 90 Pfund. — Auf demselben Reviere ward ein Rebhuhn geschossen, welches den obern Theil des Schnabels, nämlich die Spitze, in der Höhe, und an der Wurzel des Schnabels eine schorfartige Kruste von der Stärke einer kleinen Haselnuß hatte. — Zu Schönwalde bei Luckau warb eine Blindschleiche getödtet, die ¾ Zoll von der Schwanzspitze in einen Knoten geschlungen war. Der Knoten war so fest zusammengezogen, daß die ¾ Zoll lange Schwanzspitze gänzlich vertrocknet schien.

Der Gesammtschaden des hamburger Brandes stellt sich jetzt auf 19,221,000 Thlr. heraus.

Die „Allgemeine Forst- und Jagd-Zeitung" berichtete 1869 von Ereignissen des Jahres 1845 im Bereich des Grinderwaldes bei Nienburg:[64]

Im Jahre 1845 wiederholte sich abermals ein Wolfsbesuch in jener Gegend. Er war der letzte. Durch das Resultat der vorhergehenden Jagd gewitzigt, schlug man jetzt einen andern Weg ein; man wollte die Sache nicht wieder in dem großartigen Maßstabe betreiben. Man legte einen kleineren aber sicherer zum Ziele führenden an. Es wurden nur wenige Treiber und Schützen, aber um so zuverlässigere zur zweiten Auflage der Wolfsjagd erwählt. Das Mal klappte es besser. *Das Terrain war am ‚Grinderwald', nördlich vom ‚todten Moor' gewählt worden. Der Wolf wurde glücklich erlegt und blieb fortan im Lande. Er wurde als seltene Jagdtrophäe in die Residenz Hannover gebracht, da abgehäutet und ausgestopft und erhielt seinen Platz im königlichen Forsthause, in dem eine Art Jagdmuseum untergebracht war. Er fand hier Gesellschaft von etlichen 20 anderen ausgestopften Gefährten, die früher in den Hannoverschen Landen, namentlich in den Lüneburger Heidegegenden und Moores, erlegt worden waren.*

Als im Jahre 1850 zwei Wölfe in der Göhrde auftauchten und dem Wild und den Schafen großen Schaden zufügten, setzte König Ernst August I. von Hannover (1771-1851) für jeden Wolf eine Schussprämie von 100 Talern aus. Der dortige Forstmeister und Oberförster Götz von Olenhusen (1806-1868) billigte dem Revierjäger Georg Weber aus Zienitz das Recht zu, einen der Wölfe zu erlegen.

← König Ernst August. Entnommen aus: Malortie, Carl Ernst von, König Ernst August, Hahn'sche Hofbuchhandlung, Hannover 1861.

Eine damals von dem von Spörckeschen Förster Schulte sofort angestellte Jagd war ohne Erfolg. Im Bericht des Amts Bleckede an die Landdrostei zu Lüneburg heißt es am 30. April 1850: „Nach einer soeben eingehenden Anzeige des Gehegereuters Gießelmann zur Göhrde ist von demselben gestern Morgen ein sehr starker Wolf auf dem Süschendorfer Felde und im Boitzer Forstorte Radeck deutlich und zuverlässig gespürt worden. Der Wolf soll auch von zuverlässigen Menschen gesehen sein, und einen 44 Pfd. schweren Hammel von der Heerde des Schäfers Meyer von Boitze in dessen Gegenwart geraubt und nach dem Radek getragen haben. – Der gestern hier anwesende Amtsvoigt Uhthoff hatte ebenfalls schon von dem Erscheinen des Wolfs gehört, so wie, daß der von Spörkensche Förster Schulte zu Süschendorf schon eine Jagd solcherhalb veranstaltet habe; konnte aber etwas Zuverlässiges darüber nicht angeben."[65]

Auf Antrag des Landdrosten zu Lüneburg setzte das Ministerium des Innern sofort eine Prämie von 50 Talern für die Erlegung des Wolfes aus und erklärte die Heranziehung der ländlichen Bevölkerung zu den notwendigen Jagden als „Landfolge".[66]

Im Gegensatz zum Ministerium lehnte aber das Königliche Oberjagddepartement am 9. Mai 1850 eine große Jagd wegen der hohen Kosten und wegen der Unsicherheit des Erfolges wieder ab. Zugleich aber wurden die Jagdinspektionen Dannhorst, Düshorn, Eschede, Künsche (Amt Lüchow), Fallersleben, Göhrde, Hankensbüttel und Reisermoor (Amt Medingen) und Linsburg sowie der Oberwildmeister von Hannover Heinrich Wallmann, auch sämtliche Forstbediente und die in der Göhrde, um Lüß, Hassel und Wietzenbruch stationierten Jagdbedienten angewiesen, alles zu tun, um des Wolfes habhaft zu werden:

Eingegangener Anzeige zufolge hat sich in der Nähe der Goehrde ein Wolf gezeigt.

Da es bislang nie hat gelingen wollen, die Erlegung eines solchen Raubthiers auf größeren Treibjagden zu erreichen, so habe ich nicht die Absicht solche Jagen nach zweien Wölfen zu veranstalten.

Dagegen mache ich bemerklich, daß, unter Begünstigung des Zufalls die Erlegung dieser Raubthiere einzelnen Forst= oder Jagdbedienten bislang stets gelungen ist, und wünsche ich daher, daß der hl. Jagdinspections=Chef –/ Oberwildmeister die sämmtlichen K. Forstbedienten –/ die in der Goehrde, Lüß und Hassel sowie im Wietzenbruch und Grinderwald stationierten Jagdbediente verweisen möge, mit allem Eifer dem Raubthiere, sobald es in ihren Revieren –/ Stationen /– sich zeigt, nachstellen, und auf die erforderlich erscheinende Weise auf solches Jagd machen.

Auch bemerke ich, daß die K. Landdrostei zu Lüneburg bereits auf Bewilligung einer Prämie von 50 rT für Erlegung dieses Wolfes angetragen hat, welche Prämie voraussichtlich sofort bewilligt werden wird.

Eile und schnelles Handeln waren geboten. Der Hofjäger von der Revierförsterei Hohenfier, Adolf Wendeburg, hatte das Erscheinen des Wolfes in der Gemarkung Boitze (nahe der Göhrde) gemeldet. Der Wolf war am 3. Juni am Göddenstedter Holz angeschossen, aber nicht zur Strecke gekommen.

Im Oktober 1850 hatte das Amt Hitzacker an die Landdrostei Lüneburg berichtet, dass seit Monaten wiederholt Wölfe zwischen der Göhrde und den Gräflich Bernstorffschen Forsten bei Gartow gesichtet worden seien. Das Ministerium hatte auch wieder eine Jagd und die Inanspruchnahme der „Landfolge" genehmigt. Der Wolf wurde dauernd beobachtet und danach der Plan gemacht, ihn zu Schuss zu bekommen.[67]

Dies gelang endlich auch, und zwar wurde er am 11. Januar 1851 in der Göhrde zur Strecke gebracht. Dem Revierjäger Georg Weber aus Zienitz gelang es an jenem Tag, einen der Wölfe auf einer kleinen Treibjagd im Schnee nahe dem Hohenzethener Schlagbaum in einer Dickung einzukreisen und zu schießen.

Die „Allgemeine Zeitung" in Leipzig berichtete in ihrer zweiten Ausgabe vom 18. Januar 1851: „Göhrde (Königreich Hannover), 13. Jan. Gestern wurde im Göhrderwalde ein Wolf, welcher seit längerer Zeit der Schrecken der Gegend gewesen und der inzwischen dem hiesigen königlichen Gehege und dem des Grafen v. Bernsdorf wechselte, von dem Gehülfsjäger Weber glücklich erlegt. Das Thier wiegt 100 Pfd."

Der Bericht der Jagdinspektion Göhrde an das Königliche Oberjagddepartement über die Erlegung vom 11. Januar 1851 lautet, wie folgt:[68]

Euer Excellenz gereicht es mir zur besonderen Freude gehorsamst anzeigen zu können, daß heute ein Wolf im Göhrder=Walde erlegt worden ist.

Als ich am gestrigen Tage, wo wir bei guter Neue den Wald vergeblich nach dem Wolfe abgespürt hatten, zu Hause kam, zeigte mir ein Bauer an, daß er den Wolf am Ausgange der Dannenberger=Poststraße aus dem Göhrder=Walde, nach dem Collaser Zuschlage zu trabend so eben gesehen habe. Die Kürze des Tages erlaubte nur noch zu constatiren, daß es der Wolf wirklich gewesen sei, welcher unweit des Schmeshauer=Schlagbaums mit einem Satze den Sprügelzaun überspringend, in den Collaser=Zuschlag eingewechselt war. Ich verabredete darauf sofort mit dem Gehegereuter Gießelmann eine Jagd auf heute nach dem Wolfe, und gelang es uns, dessen Fährte ungeachtet des sehr dürftigen Schürfschnees bis in den Hohenzethener=Mantel zu verfolgen, wo er in der Dickung südlich vom Hohenzethener=Schlagbaum eingekreiset wurde. Mehrfach hatte der Wolf auf seiner Wanderung dahin Rehe, Wild und Sauen gejagt, und aller Wahrscheinlichkeit nach ein Stück Wild oder eine Sau gerissen. Gleich zu Anfang des Treibens lief er meinem Nachbar <u>dem Revierjäger Weber</u> zu Zienitz schrägspitz an, der ihn gut durchschoß, so daß er kaum 60 Schritte vom Anschuß verendete.

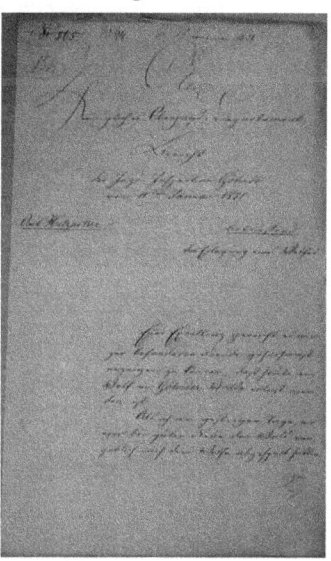

Der Wolf ist männlichen Geschlechts und wiegt = 100 Pfd.

Da es den Bewohnern der Umgegend, welchen der Wolf so vielen Schaden zufügte, zu gönnen ist, daß sie denselben wenigstens sehen, so wollen Euer Excellenz verzeihen, wenn er erst nächsten Dienstag den 14ten d. M. an den Königlichen Jägerhof geliefert wird.

Indem Euer Excellenz ich gehorsamst ersuche, die Auszahlung der Prämie von = 50 rT. an den glücklichen Schützen hochgeneigtest veranlassen zu wollen, bitte ich ehrerbietigst, S$^{r.}$ Majestät das Gesuch vorzutragen, den Wolf ausstopfen und im hiesigen Jagdschlosse aufstellen zu lassen.

Götz v. Olenhusen

An die Erlegung dieses Wolfes knüpft sich diese Geschichte: König Ernst August ließ den Wolf ausstopfen und nach Hannover bringen, um ihn der Hofgesellschaft zu zeigen. Revierjäger Weber musste das Tier, das an der Decke mit einem Draht befestigt war, vorführen. Auf ein Zeichen des Königs ließ er es auf die Hofgesellschaft niedersausen, an deren Schreck sich der König erfreute: „Nun sehe einer das Hundeschwein!", soll er ausgerufen haben (statt „Schweinehund"). Als Dank erhielt der Jäger vom König die Geldprämie von 50 Talern und zudem eine neue Büchsflinte mit silbernem Erinnerungsschild:[69]

„E. A. an G. W. zur Erinnerung an den 11. Januar 1851."

Raoul von Dombrowski (1833-1896) bestätigte 1890 im Abschnitt über die Hohe Jagd: „Einer dieser Fremdlinge wurde schon im Januar 1851 dicht bei der Wohnung des Parkwärters erlegt, und der andere bald darauf im Wietzenbruch, wo damals auch ein sehr guter Rothwildstand existierte. Der König Georg V. von Hannover, der seinem Vater 1851 in der Regierung gefolgt war, hatte sein Augenlicht ganz verloren und konnte deshalb auch nicht an den Jagden theilnehmen."[70]

Später stand der ausgestopfte Wolf im „Forst- und Jagdmuseum im Jagdschloss Göhrde" bei Lüneburg, allerdings nur bis zur Auflösung des Museums 1941. Danach verlieren sich seine Spuren.[71]

Revierjäger Georg Weber pflanzte zur Erinnerung an die letzte Wolfsjagd in der Göhrde am Königsweg eine Linde, die noch heute zu besichtigen ist. Das Forsthaus nahe der Erlegungsstelle, später Parkwärterwohnung, erhielt die Bezeichnung „Wolfshof".

Es ist auffällig, dass die Schützen, die im 19. Jahrhundert noch vereinzelt Wölfe erlegten, sich nie ihrer Taten rühmten. Auch die Geschichte rückte sie nicht in den Vordergrund. Sie blieben weitgehend anonym und traten nur öffentlich in Erscheinung, als sie ihre Prämien empfingen. Ihre Jagdgeschichten blieben den Familienkreisen vorbehalten. Da waren die Vorgesetzten der Förster, unter deren Leitung Wolfsjagden abgehalten wurden, schon mitteilungsbedürftiger.

Götz von Olenhusen leitete einen ausführlichen Bericht von der Wolfsjagd an die Redaktion der „Allgemeinen Forst- und Jagd-Zeitung" weiter, die ihn noch im April des Jahres abdruckte. Von Olenhusen schrieb: „(...) Da mehrfache Zeichen dafür sprechen, daß ein zweiter Wolf, wahrscheinlich eine Wölfin, in hiesiger Gegend haust, so hat der Referent vielleicht bald Gelegenheit, über eine zweite Wolfsjagd Bericht zu erstatten. (...)"[72]

Der zweite Wolf wurde allerdings erst neun Monate später vom Hofjäger Friedrich Lewecke im Wietzenbruch gestellt.

Sehr bald hatte es sich gezeigt, dass die Befürchtung, dass es sich bei den so häufigen Wolfsschäden an so verschiedenen Orten nicht nur um einen, sondern um mehrere Wölfe handelte, berechtigt war.

Der Hofjäger F. Busse zu Breitenhees sandte dem Königlichen Oberjagddepartement zu Hannover am 16. Juni 1851 seinen Bericht, „betreffend einen Wolf". Beigefügt war eine Meldung des Amtsvogts Toel in Suderburg vom 15. Juni des Jahres, wonach „am gestrigen Tage in den Feldmarken: Dreylingen, Wichtenbeek, Bargfeld und Bahnsen ein Wolf gesehen" sei, welcher auch bereits „am gestrigen Morgen etwa 9½ Uhr auf der Wichtenbecker Feldmark vor sichtlichen Augen des Schäfers ein Schaf erwürgt haben soll". Somit hielt sich der Wolf zu dem Zeitpunkt in Feldmarken des Amtes Bodenteich auf.[73]

Die Ereignisse überschlugen sich. Am 18. Juni 1851 berichtete Oberförster L. D. C. Münter von der Jagdinspektion Dannhorst dem Königlichen Oberjagddepartement:

Ew. Excellenz gebe ich mir die Ehre ganz gehorsamst anzuzeigen, wie einem hier so eben eingegangenen Berichte des Revierförsters Niemeyer zu Wennebostel gemäß, der Unterförster Petzold in Meitze gestern im Rundshorn einen Wolf gesehen hat. Der Wolf hat auf etwa 150 Schritte Entfernung von dem gedachten Unterförster und zwar auf einer ganz freien Fläche gesessen und hat der Unterförster dann auf der Stelle die hier angeschlossenen Haare und Wolle gefunden.

Den Hofjäger Leveke zu Fuhrberg, so wie die sonstigen Jagd und Forstbeamte pp. habe ich von dem Vorfalle sofort in Kenntnis gesetzt.

Am 20. Juni 1851 berichtete der Feldjäger F. G. Friese in Fuhrberg dem Oberwildmeister Wallmann, dass sich die bereits mündlich am 18. Juni 1851 geäußerte und vom Unterförster Petzold zu Meitze bezeugte Vermutung, dass man dort einen Wolf gesehen haben wollte, nunmehr bestätigt worden sei: „... denn gestern ist selbiger an zwei verschiedenen Stellen im Ovelgönner Reviere von Forstarbeitern gesehen worden; auch hat ihn der gehorsamst Unterzeichnete heute Morgen am Falkenplatz im Ovelgönner Reviere ganz frisch gespürt, der Herr Revierförster Brauns hat selbigen auch an verschiedenen Stellen im und außerhalb des Ovelgönner Reviers gespürt, und vermuthet man daß der Hauptaufenthalt des Wolfes das Ovelgönner Revier ist."

Am 22. Juni 1851 brachte Oberwildmeister Heinrich Wallmann seinen Bericht an das Königliche Oberjagddepartement über die Ankunft des Wolfes im Wietzenbruch zu Papier:

Ew: Exzellenz wollen aus dem gehorsamst angebogenen Bericht des Feldjägers Friese zu ersehen geneigen, wie die Anwesenheit eines Wolfes im Wietzenbruche sich vollkommen bestätigt.

Ich erlaube mir daher die gehorsamste Anfrage: ob Ew: Exzellenz zu genehmigen geneigen wollen, daß der Wildmeister Brandt und Hofjäger Wallmann auf eine kurze Zeit nach dem Wietzenbruche abgeschickt werden, um gemeinschaftlich mit den dortigen Jägern in den Haupt=Oertern nach dem Wolfe zu jagen? – Es ist zu erwarten daß derselbe sich in diesem erst aufgefundenen guten Wild= und Reh=Stande, noch einige Zeit aufhalten wird und möchte es daher vielleicht gelingen demselben in der ersten Zeit Abbruch zu thun, oder denselben doch wenigstens aus dieser noch einigermaaßen wildreichen Gegend zu vertreiben.

Die Akten sagen nicht aus, ob das Königliche Oberjagddepartement dem Antrag entsprochen hat. Der Wolf zog weiterhin seine Spur und verließ vorübergehend das Revier Ovelgönne. Er wurde nunmehr in den Feldmarken Kreutzen (Trauen), Schmarbeck und Poitzen (Amt Ebstorf) gesehen.

Am 5. Juli 1851 berichteten die Beamten des Amtes Ebstorf, Amtmann Philipp Wilhelm Woempner und Amtsassessor Gerhard Friedrich von Graevemeyer, der Königlich Hannoverschen Landdrostei zu Lüneburg:

Nach hier eingegangener Anzeige hat sich in den Heidgegenden des hiesigen Amts ein Wolf sehen lassen, namentlich am 30sten vorigen Monats.

Derselbe hat in der zu dem Dorfe Creutzen gehörenden Heide, am hellen Tage aus der Schafherde ein Lamm geraubt, es über den Rücken geworfen und ist mit seiner Beute davon gelaufen, ohne daß der bestürzt gewordene Schäfer sie ihm wieder abjagen können. Auch zwischen den Schaafherden der Eingesessenen zu Schmarbeck ist der nämliche Wolf gewesen, zeitig aber durch die Schäfer verjagt, so daß er einen Raub nicht ausführen können.

Ebenfalls will man bei Poitzen den Wolf gesehen haben, doch ist dieserhalb nichts Näheres angegeben.

Vor den obigen Vorgängen ist es nicht bekannt geworden, daß in der Gegend ein Wolf umherstreife, es ist auch nicht näher anzugeben gewesen, aus welcher Gegend der gedachte Wolf hergekommen, und ist auch nicht bekannt geworden, daß nach obigem Tage derselbe in hiesiger Gegend sich ferner gezeigt.

Landdrost Georg Ludewig von Torney in Lüneburg teilte dem Königlichen Oberjagddepartement aufgrund dieser Darstellung unterm 10. Juli 1851 mit, dass er für das Erlegen und Abliefern des Wolfes eine Prämie von 50 Talern beim Königlichen Ministerium des Innern beantragt habe. Die Zusage kam, und mittels Bekanntmachung vom 22. Juli 1851 lobte die Königliche Landdrostei die besagte Prämie in Höhe von 50 Talern aus.

Nunmehr dehnte der Wolf seine Raubzüge bis in die Amtsvogtei Winsen an der Aller aus. Die Amtsvogtei Winsen an der Aller erstattete am 14. September 1851 ihren Bericht und schlug eine Wolfsjagd vor.

Ein Wolthäuser erinnerte sich später:[74]

Ein Junge von etwa sechs Jahren war ich, als ich in der Zeit, als es die ersten jungen Erbsen gab, meinem Vater, der an der Landstraße zwischen Wolthausen und Hassel arbeitete, seine Mittagsmahlzeit, junge Erbsen und Klöße, hinbringen mußte. Als ich etwa die Hälfte des Weges jenseits der ersten Brücke hinter dem Wolthausener Felde zurückgelegt hatte, sah ich an der Westseite der Landstraße vor einem Rudel Fuhren, dem sogn. Schaflager, den seit längerer Zeit im Volksmunde vielbesprochenen Wolf auf seinem verlängerten Rücken sitzen. Ihn sehend und aus vollem Halse schreiend, lief ich nach der Richtung meines Vaters. Bei der Entdeckung des Wolfes war ich schon etwas an ihm vorüber. Ein Kilom. weiter stand damals das einzelne Haus Gieseke, dahinein flüchtete ich. Auch die besten Worte der Familie Gieseke waren nicht imstande, mich wieder aus dem Hause loszuwerden, bis schließlich die Tochter des Hauses mich in Rufweite meines Vaters begleitete. Leider waren Erbsen und Klöße aus dem irdenen Henkeltopfe durch das Laufen größtenteils ausgeschüttet, so daß nur noch recht wenig im Topfe vorhanden war. Als der Vater den letzten Rest fast bis zur Neige geleert hatte, konnte ich es nicht unterlassen, den Vater mit den Worten zu bitten: Vader schall ick ok noch einen Leppel vull affhebben? Natürlich wurde meine Bitte erfüllt.

Denselben Nachmittag, als mein Vater, im Chausseegraben sitzend, sein Vesperbrot verzehrt hat, kommt der Wolf, ein Schaf im Maule tragend, aus der Hasseler Gerechtsame über die Landstraße und steuert der Wallerholzer Forst zu.

Bei einem zwei Stunden später losbrechenden Gewitter, bei dem zwei Wolthausener Arbeiter E. Makenthun und R. Hasselmann in der Osterlohschen Koppel sich Schutz suchend, unter eine Tanne geflüchtet hatten, geht der Wolf auf etwa 50 Meter an ihnen vorbei. Dieses alles ist an einunddemselben Tage passiert.

Das Königliche Oberjagddepartement hatte sich in seiner Verfügung vom 18. September 1851 an die Amtsvogtei Winsen an der Aller gegen das Abhalten einer Jagd ausgesprochen. Es hatte sich von stiller Nachstellung durch königliche Jäger Erfolg versprochen. Das Oberjagddepartement hatte Recht mit dieser Ansicht. Schon am 23. Oktober konnte es dem Landdrosten zu Lüneburg melden, dass dieser Wolf am 18. Oktober 1851 von dem in Fuhrberg stationierten Hofjäger Friedrich Lewecke im Forstort Rundshorn erlegt und an den Königlichen Jägerhof in Hannover abgeliefert sei. Wahrscheinlich war es der Wolf gewesen, welcher am 30. Juni des gleichen Jahres am hellen Tage auf der Heide bei Kreutzen vor den Augen des bestürzten Schäfers ein Schaf riss und damit flüchtete.[75]

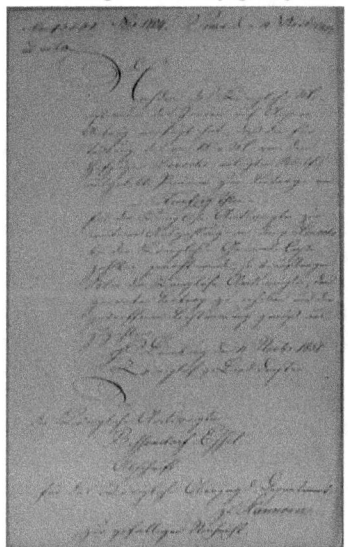

← NLA-HStA Hannover Hann. 72 Nr. 684.

Von dem Wolf, der an jenem 18. Oktober 1851 zwischen Wieckenberg und Berkhof sein Ende fand, erzählt man sich, er habe auch dem Dorf Oldau einen Besuch abgestattet. Werner Schrader weiß dazu zu berichten: „Damals aber waren die Ortschaften vielfach noch mit einem Zaun umgeben. Dieser Zaun friedigte das ganze Dorf ein: So konnte Vieh, insbesondere Schweine, frei herum laufen und sich etwas auf Straßen und Plätzen suchen. Diese Ortszäune hatten dann an den Ausgängen Tore." Eines Tages stand dieser Wolf, wie es heißt, vor dem Oldauer Zaun und hatte die Vorderbeine oben darauf gestemmt. Er sei bemerkt worden, und tapfere Oldauer seien mit Heu- und anderen Gabeln auf ihn zugestürmt, worauf er verschwunden sei.[76]

Die ausgesetzte Prämie von 50 Talern wurde dem Hofjäger Lewecke ausgezahlt.[77]

Das selten starke Exemplar von Wolf wurde ausgestopft und gelangte später in die zoologische Sammlung des Provinzial-Museums Hannover.[78] Eine daran hängende Tafel nannte den Schützen und den Sterbeort. „Das letzte Tier dieser Art, dessen Balg im Hannov. Provinzial-Museum ausgestopft steht, wurde im Wietzenbruch bei Fuhrberg erst im Jahre 1851 erlegt", bestätigen 1899 die „Beiträge zur Naturkunde an der Unterweser".[79] Und Ernst Schäff, 1907: „Der letzte in der Provinz Hannover erbeutete Wolf steht ausgestopft im Provinzialmuseum zu Hannover; er fand sein Ende 1851 im Wietzenbruche durch Förster Levecke."⁸⁰

← Der junge Hermann Löns (1866-1914) als Mitglied des Cimbern-Bundes. Postkarte zur Löns-Feier des V.C.-Berlin am 8. Februar 1922. Sammlung und Repro: Blazek

Hermann Löns wusste hinzuzufügen: „Um dieselbe Zeit riß ein Wolf im Wietzenbruch viel Rotwild und Weidepferde: der Förster Albrecht zu Wieckenberg flickte ihn mit Schrot an und verfolgte die Schweißfährte bis zum Burgdorfer Holze; auch dieser Wolf soll dann auf Schulenburg-wolfsburgischem Gebiet erlegt sein."⁸¹

In der Zeitschrift für Jagd- und Forstwesen war 1887 zu lesen: „Die Erhaltung des Rothwildes ist in den deutschen Forsten erleichtert worden, seitdem allgemein das Raubwild mit gutem Erfolge vertilgt worden ist, welches ehemals den Wildbahnen höchst schädlich wurde. Der gefährlichste Feind unter diesem war der Wolf. Welchen Schaden ein einziger Wolf in der Wildbahn anrichten kann, sollte der Referent unter Anderem erfahren, als ihm im Jahre 1856 die Inspection der unweit der Stadt Hannover gelegenen Wietzenbruchsforsten übertragen wurde. In diesem etwa 15 000 Morgen großen Walde (mit Inbegriff der angrenzenden Gemeindeforsten) hatte unlängst vor seiner Dienstübernahme ein alter Wolf Stand behalten, der vermuthlich aus den polnischen Landen hergestreift war. Mit welcher List und welchem Erfolge er das Rothwild zu Falle brachte, war nach der Äußerung des damals dort stationirten Königlichen Hofjägers, der meiner Erinnerung nach den Wolf erlegt hatte, bewundernswerth.

Das Erscheinen der Wölfe in den Niederungen der Flüsse Aller und Jetzel im Fürstenthum Lüneburg war noch zur vorhin gedachten Zeit keine Seltenheit."⁸²

Friedrich Wilhelm Lewecke, damals Träger des allgemeinen Ehrenzeichens und hierarchisch dem Jägerhof zu Hannover unterstellt, entstammte vermutlich einer alten Försterfamilie. Der Hannoversche und Churfürstlich-Braunschweigisch-Lüneburgische Staatskalender auf das Jahr 1818 nannte auf Seite 86 bereits den gehenden Förster Friedrich Rudolph Lewecke in Hohenbostel im Amt Wennigsen. In einem Beitrag über Schweißhunde berichtete der Forstmeister a. D. Ludwig Gerding (1828-1907) in Celle 1903 über seine Begegnung mit Friedrich Lewecke, „der nunmehr gestorben ist": „Ich kann wohl sagen, daß mir die Sache derzeit nicht recht einleuchten wollte. Indes später, als ich anfangs der 1840er Jahre zu König Ernst Augusts Zeiten bei den eingestellten Jagden in der Göhrde mit tätig war, sprach ich hier aber einmal mit dem damaligen Gehegereuter Herrn Lewecke aus Fuhrberg bei Celle über diesen Gegenstand, weil dieser als hervorragender Schweißhundführer bekannt war."⁸³

In hannoverschen Zeiten wurde Friedrich Lewecke als Hofjäger in Fuhrberg (1858, S. 115: „Hofjäger zu Hannover"), danach (ab 1866) als „Gehegereuter" (berittener Forstbediente) bezeichnet. Das Staats-Handbuch für Hannover auf das Jahr 1867 bezeichnet ihn als „Gehägereuter zu Fuhrberg". Direkt darunter wird R. Lewecke als „Hof-Jäger zu Altenau" aufgeführt.[84]

Im achten Jahresbericht der Naturhistorischen Gesellschaft zu Hannover vom Michaelis 1857 bis dahin 1858 taucht Hofjäger Lewecke zu Fuhrberg als Geschenkgeber eines Steinadler-Präparates für die Sammlung der europäischen Vögel auf.[85]

Friedrich Lewecke war dabei, als am frühen Morgen des 11. April 1854 drei Wilddiebe aus Westercelle, Hans Heinrich Kammann, Heinrich Hornbostel und der Brinksitzer Wolf, auf den Hambührener Weiden zwischen dem Forstort Aspeloh und dem Ovelgönner Revier gestellt wurden. Es kam zu einer Schießerei, in deren Verlauf sein Begleiter, der königliche Jagdoffiziant Carl Ludwig Bartels, und der bereits vorbestrafte Wilddieb Hornbostel zu Tode kamen.[86]

Friedrich Lewecke war in der Zeit zwischen 1860 und 1878 Förster im Schutzbezirk Fuhrberg I und wohnte in der Oberförsterei.[87] Auch nach der preußischen Annexion des Königreichs Hannover 1866 jagte der preußische Prinz Friedrich Karl von Preußen (1828-1885) häufiger im Wietzenbruch. Er soll unter anderem von Friedrich Lewecke geführt worden sein.[88]

Versetzt wurde Lewecke 1870 nach Gellersen, Oberförsterei Aerzen, und erhielt das Allgemeine Ehrenzeichen, berichtete 1878 das Jahrbuch der Preußischen Forst- und Jagd-Gesetzgebung und Verwaltung. Am 9. Januar 1889 starb Friedrich Wilhelm Lewecke. Seine Witwe, geborene Heckmann, blieb in Grohnde zurück.

Die Leveke-Eiche im Wietzenbruch, von Osten fotografiert. Foto: Karl-Heinz Bremus

Nach Friedrich Lewecke ist im Hirschgehege in der Abteilung 303 eine uralte Eiche benannt, die „Leveke-Eiche".

Erst sechs Jahre nach dem Ereignis bei Wieckenberg kam in Nordwestdeutschland wieder ein Wolf zur Strecke, und zwar diesmal bei Neuhaus (Oste), wie die „Deutsche Allgemeine Zeitung" in ihrer Ausgabe vom 31. Januar 1858 unter Berufung auf die „Weser-Zeitung" zu berichten wusste: „Stade, 27. Jan. (...) Zu Neuhaus an der Oste im Bremenschen wurde dieser Tage ein Wolf erlegt."

Am 15. Dezember 1871 wurde ein Wolf von Jan Hinnerk Schult, einem Bauer aus Erpensen bei Wittingen, bei einem dicht vor dem Dorf Erpensen ausgelegten Luder geschossen. Wie in einem „Isenhagener Kreiskalender" aus den 1920er Jahren zu lesen war, hatte der glückliche Jäger den Wolf mit Ungeduld verfolgt, sodass er ihm schließlich „upt Ledder prallte, daß er doot wär". Schult wurde wegen dieser Jagdbeute sehr gefeiert und erhielt mit viel Lob von der Regierung zum Dank eine „Duwwelflinte".

Laut Hermann Löns war das Tier „nach Angabe des Zoologen Johannes Leunis, dem das Stück vorlag, eine etwa dreivierteljährige Wölfin, die jetzt ausgestopft im Besitze des Tierarztes Oelkers zu Wittingen ist."[89] Der Besitzer war Wilhelm Oelkers (1843-1925), Tierarzt und Senator, der am 15. März 1915 sein 50-jähriges Tierarztjubiläum und 1920 seine Goldene Hochzeit feierte, dessen Sohn Victor Oelkers (1881-1958) von 1947 bis 1955 Mitglied des Niedersächsischen Landtages war.[90]

Ein gleichaltriger Wolf sei nach den Worten von Hermann Löns, der das Ereignis von Erpensen allerdings in den Winter 1870 legte, „in demselben Winter" unweit Kakau bei Schnega im Kreis Dannenberg erlegt worden.[91]

Westlich von Becklingen wurde schließlich 1872 der vorerst letzte Wolf in der Lüneburger Heide gesehen und geschossen. Schütze war der Förster H. Grünewald aus Wardböhmen, ehemals ein Leibjäger (Büchsenspanner) von Georg V. (1818-1878), dem letzten König von Hannover. Der später dort aufgestellte Stein trägt die Inschrift: „Am 13. Januar 1872 wurde hier der letzte Wolf in Niedersachsen erlegt."

Der Wolf, der 1872 unweit der Ortschaft Becklingen erlegt wurde, war der letzte von insgesamt 15 Wölfen, die im 19. Jahrhundert in der Lüneburger Heide ihr Ende fanden.

Im Januar 1872 wurden in der Gegend um Becklingen in einem Radius von 14 Kilometern (bis nach Soltau und Dorfmark) einige Schafe gerissen. In der Nähe von Ostenholz riss der Wolf in Sichtweite von zwei Schäfern zwei Schafe. Das Revier des Wolfes war aber das Becklinger Holz westlich von Becklingen. Sein Revierradius lag bei rund 30 Kilometern. In der Fallingbosteler Gegend wurde der Wolf mehrmals an unterschiedlichen Stellen gefährtet. Bei Vierde ging er auch durch die Böhme. Da man ihm nachstellte, begab er sich auf Wanderschaft.

Der Förster Grünewald aus Wardböhmen fand am 13. Januar 1872 im Schnee die Fährte des Wolfes. Es gelang ihm das Tier aufzuspüren und zu töten. Der erlegte Wolf war ein alter Rüde. Er war von der Schnauze bis zur Schwanzspitze 1,64 Meter lang, seine Schulterhöhe betrug 85 Zentimeter, und er wog 45 Kilogramm.[92]

> An Prämien werden bewilligt, gleichviel, auf
> welche gesetzlich erlaubte Art die Thiere erlegt sind:
> 1) für eine alte Wölfin 12 Rthlr. (Zwölf Thaler),
> 2) für einen alten Wolf 10 Rthlr. (Zehn Thaler),
> 3) für einen jungen Wolf in dem Zeitraume vom
> 1. Juni bis Ende September 4 Rthlr. (Vier
> Thaler),
> 4) für einen Nestwolf 4 Rthlr. (Vier Thaler), und
> 5) für einen ungeborenen Wolf 1 Rthlr. (Ein Thaler).
> Wer einen Anspruch auf vorstehende Prämien gel-
> tend machen will, muß nicht blos den Balg des
> erlegten Thieres, sondern dasselbe im ganzen Kör-
> per, gleich nach der Erlegung, dem nächsten König-
> lichen Oberförster, und in obrigkeitlichen Bezirken, in
> welchen sich ein solcher nicht befindet, einem sonstigen
> zuverlässigen Forst- und Jagdverständigen vorzeigen.
> Letztere und resp. die Oberförster haben, nach vor-
> gängiger sorgfältiger Besichtigung des vorgezeigten
> Thieres, demselben die Gehöre (Ohren) abschneiden
> und, in ihrem Beisein, verbrennen zu lassen.
> Das Thier selbst wird dem Producenten zurück-
> gegeben und ihm gleichzeitig ein nach dem unten-
> stehenden Schema (a) auszustellendes Attest eingehän-
> digt. Mit diesem Atteste hat sich der Empfänger
> demnächst bei der Obrigkeit seines Wohnorts zu melden,
> welche, nach vorangegangener Prüfung der Verhält-
> nisse, mit Einreichung des erwähnten Attestes, die
> Bewilligung der Prämie bei uns in Antrag zu brin-
> gen hat.
>
> **a. Schema.**
>
> Der &c. aus &c. im
> Amte &c. zeigte dem Unterzeichneten eine
> Wölfin, bei welcher in des Unterzeichneten Gegen-
> wart Stück ungeborene Wölfe gefunden wurden,
> (oder einem alten Wolf, oder einen jungen oder Nest-
> wolf) welcher, der Angabe nach am ten auf der
> Feldmark (oder in der Forst) getödtet (oder vergiftet
> oder gefangen) worden ist, heute vor. Es sind der-
> selben (oder demselben und denselben) zum Zeichen,
> daß sie schon präsentirt ist, und damit sie also nicht
> zum zweiten Male, der Prämie wegen, vorgezeigt
> werden kann, die Ohren ebenfalls in Gegenwart des
> Unterzeichneten abgeschnitten und verbrannt worden.
> Daß dem Erleger für die Wölfin (oder den Wolf,
> die Wölfe) Thaler Prämie ausgezahlt werden
> kann, wird hiermit pflichtgemäß bescheinigt.
> den ten
> (L. S.)
> Namen und Character des Ausstellers.
> Hannover, den 14. Juni 1872,
> Königlich Preußische Landdrostei.

"Mit Rücksicht darauf, daß am 15. December v. J. im Amtsbezirke Isenhagen eine 3/4 Jahre alte Wölfin und bald darauf im Amtsbezirke Bergen ein alter Wolf getödtet ist, setzen wir, im Auftrage des Herrn Ministers des Innern, folgende, in den alten Provinzen der Monarchie gel-tende Vorschriften über die Bewilligung von Wolfsprämien für unseren Verwaltungsbezirk hierdurch in Kraft." Amtsblatt für Hannover vom 21. Juni 1872, S. 220. Repro: Blazek

Wie Grünewald, der von 1871 bis 1892 in Wardböhmen seinen Dienst versah, der historische Schuss gelang, wird in einem Schreiben an die Königliche Finanzdirektion in Hannover vom 15. Januar 1872 beschrieben.[93]

Forstinspection Walsrode.
Walsrode den 15. Januar 1872
Becklinger Holz.
Abgegangen den 16. Januar 1872
Betrifft: Die Erlegung eines Wolfes im Becklingerholze, Oberförsterei Falling-bostel, den 13. d. M.

An Königliche Finanz-Direction, Abtheilung für Forsten zu Hannover

Im Anfange der vorigen Woche verbreitete sich das Gerücht von dem Vorhan-densein von Wölfen in der Gegend zwischen Soltau und Dorfmark, wo nächtli-che Einbrüche in allein stehende Schafkoben stattgefunden hatten, und die Raubthiere auch gesehen sein sollten. Eine hierauf von Bauern angestellte wilde Jagd bis zum Forstorte Wisselshorst bei Fallingbostel war zwar resultatlos geblieben, hatte aber wie leicht zu erachten, alle Welt alarmirt und bereits abenteuerliche Geschichten in Cours gebracht; jedoch wurde durch den noch stellenweis vorhandenen Schnee die Sache in soweit festgestellt, daß allerdings eine Spur, welche durch fortwährendes Schnüren sich auszeichnete, für eine Wolfsfährte angesprochen werden mußte.

Einige Tage später war denn auch der Wolf in der Nähe von Ostenholz am hellen Tage gesehen, hatte im Angesicht zweier Schäfer, 2 Schafe gerissen, eins fortgeschleppt und, wie sich später herausstellte, in einem nahen Gehölz gefressen; die Schäfer waren davon gelaufen und der Wolf hatte die Richtung nach Manhorn zu genommen, wo er abermals am Sonnabend den 13. d. M. Morgens von einem Bauer gesehen und bis zum Becklingerholze verfolgt worden war. – Der Förster Grünewald in Wardböhmen, von dem Einwechseln des Wolfs ins Becklingerholz schleunigst in Kenntnis hatte darauf, begünstigt durch Spurschnee, den Wolf in der Abtheilung Nr. 42, einer 80 Morgen großen Kieferndeckung eingekreist; als herbeigeholte Waldarbeiter die Dickung eben betraten, kam der Wolf angetrabt und wurde von Förster Grünewald auf 30 Schritt mit einem Schuß Palester erlegt.

Hermann Löns: „Der allerletzte norddeutsche Wolf, ein außerordentlich starker, fast silbergrauer Rüde, wurde 1872 im Becklinger Holze in der Oberförsterei Wardböhmen bei Celle geschossen. Der bekannte Schweißhundführer, Kgl. Hegemeister W. Bieling zu Dalle bei Eschede, machte mir darüber genaue Mitteilungen, aus denen hervorgeht, daß dieser Wolf, der eine Masse Schafe gerissen hatte, ihm selbst einmal gekommen war und später von dem Förster Grünewald geschossen wurde, der ihn sich aus der Dickung zudrücken ließ. Der Becklinger Wolf wurde zuerst in Bergen, Celle, Soltau, Fallingbostel und Walsrode von einem Unternehmer für Geld gezeigt und dann einige Tage im Jägerhofe zu Hannover ausgehängt; später soll er an die Forstakademie zu München gekommen sein. Ein Bild dieses Wolfes findet sich noch in Kirchwahlingen, eine Gedenktafel im Becklinger Holz bezeichnet den Ort, wo der letzte nordwestdeutsche Wolf fiel."[94]

Wilhelm Bieling, Försterei Dalle b. Eschede, war damals in der Raubkammer, dem Waldgebiet zwischen Soltau und Lüneburg, stationiert. Er machte später verschiedene Male positiv von sich reden. So erlegte er am 17. September 1873 einen Edelhirsch, dessen rechter Vorderlauf dicht unter dem Blatt im Oktober 1872 von ihm durch Schuss verletzt worden war. 1898 malte er Aquarellbilder von erkrankten Pflanzen, und 1900 wurde im Verlag von Julius Neumann in Neudamm/Neumark sein auch im Unterricht verwendetes und mehrfach neu aufgelegtes Buch mit dem Titel „Pürschzeichen beim Rotwilde" (prämiert auf der Jagdbeute-Ausstellung zu Düsseldorf 1902 mit einer silbernen Medaille) herausgegeben. Im Jahre 1902 stieg der Förster zum Königlichen Hegemeister auf. Er berichtete:[95]

Als kein Schnee kommen wollte, wurde dort eine Treibjagd auf alles mögliche Wild abgehalten, aber der Wolf kam nicht vor, war aber infolge der Treibjagd verschwunden. Ich hatte das vorausgesagt. Vielleicht zehn Tage später drang zu uns die Runde, der Kgl. Förster Grünewald zu Wardböhmen, früher Leibjäger bei König Georg V., habe im Becklinger Holze einen starken männlichen Wolf erlegt. Dieses war unser Wolf aus der Raubkammer.

Ein Schäfer, der auf der Heide im Becklinger Holze Schafe hütete, hatte kurz vor Mittag bemerkt, daß ein großes Raubtier plötzlich aus dem nahen Walde gekommen war, sofort den nächsten Hammel erfaßt hatte und ebenso rasch mit dem Hammel im Fange wieder im Walde verschwunden war. Der Schäfer brachte sofort seine Schafe in den Roben, lief zum Förster Grünewald und berichtete, was geschehen war. Dieser ging darauf zu seinen Arbeitern im Schlage und wies sie an, ihm die ziemlich große Dickung zu treiben, und stellte sich auf einen besonders guten Fuchspaß an.

Kaum hatten die Treiber mit großem Lärm zu treiben angefangen, da sah er auch schon den Wolf angetrabt kommen. Auf fünfundzwanzig Schritt stutzte der Wolf und sicherte nach den Treibern zurück. In diesem Augenblick dampfte es und der Wolf brach im Feuer zusammen.

Im Frühjahr desselben Jahres suchte ich in der Raubkammer nach Hirschstangen und fand dabei sechs verschiedene Dickungen längs der Heide, wo ein rheinischer Hammel gerissen war. An solchen Stellen lag die weiße Wolle im Umkreis von vier Metern herum. Die Schafe waren förmlich abgerupft. Sonst fand sich außer einem Teil von den Schalen nichts von ihnen mehr vor.

Der Oberförster Otto Koke (1909-1966), der ab 1939 eine große Reihe von Jagd-, Tier- und Naturbüchern veröffentlicht hat, befasste sich selbst mit dem 1872 erlegten Wolf, und zwar 1948 im „Celler Heimatkalender". In seinem, mit „Der Wolf von Wardböhmen – Das Schicksal des letzten norddeutschen Wolfes" überschriebenen Beitrag gab er dem Wolf den aus der nordischen Mythologie herrührenden Namen „Fenris". Er schrieb: „Der Wolf streifte weit im Lande umher und hatte sein Jagdrevier ausdehnen müssen, weil die Nachstellungen von Tag zu Tag größer wurden. (...) der Hegemeister Bieling aus Dalle bei Eschede hoffte wohl, daß der Wolf ihm eine Chance gäbe, das Gewehr in Anschlag zu bringen. Indes hastete Fenris in jäher Wendung fort und Bieling wurde nicht fertig. (...)"[96]

Eine Erzählung des Seminaroberlehrers Heinrich Brammer aus dem Jahre 1939 liefert weitere Hintergrundinformationen. Brammer hatte den Förster Grünewald anlässlich eines persönlichen Besuches bei ihm berichten lassen:[97]

... ich selbst stellte mich schußbereit vor einer dichten Schonung vor einer freien Waldwegstrecke auf und richtete Blick und Waffe auf die junge, dichte Schonung. Auf dieser Strecke waren keine lärmenden Holzknechte. Als diese ihm von drei Seiten immer näher kamen, nahm er mit mächtigen Sprüngen den Weg durch die Schonung.

Beim letzten Sprunge, dem Weg zu, traf ihn meine Kugel. Ich ging nun auf ihn zu. Es war ein grausiger Anblick, als er nun todwund aufsprang und ich ihm mit dem Hirschfänger den Gnadenstoß geben mußte. Ich sollte dann das Tier für das Göhrdeschloß freigeben. Aber hier liegt sein Winterpelz nun schon seit zwei Jahrzehnten mit gegerbter Haut zu meinen Füßen.

„Ich selbst sah als siebenjähriger Knabe vier Holzknechte den toten Wolf an Stangen über den Schultern der Knechte hängend, seinen Einzug in Wardböhmen und seine vorläufige Abladung im Arbeitsraum des Böttchers Luhmann. Dieser, ein Schalk, richtete das tote Tier auf und rief: ‚Hei levet noch!' Jung und Alt stürzte auf diesen Ruf und zwar über- und durcheinander.

Die Stelle, wo der Wolf endete, bezeichnete ein größerer Stein, aber vor zehn Jahren lieferte mein Bruder als seinen würdigen Ersatz aus seinen benachbarten Waldungen einen großen Findling."

Der Balg des 1872 erlegten Wolfes wurde zur Schau gestellt, der Eintrittspreis betrug 10 Pfennig. Auch in der Hartungschen Wirtschaft in Bergen soll der geschossene Wolf ausgehängt worden sein. „Nachher soll es sich aber herausgestellt haben, daß selbiger ein wolfsfarbiger, einem Müdener a. d. A. (Gutsbesitzer Otte?) entlaufener sehr großer Schäferhund war."[98]

Laut der Schulchronik Wardböhmen wurde der Wolf zuerst in Celle, Bergen, Soltau, Fallingbostel und Walsrode von einem Unternehmer für Geld gezeigt und dann einige Tage im Jägerhof in Hannover ausgehängt. Später ließ sich der Schütze eine Fußdecke von dem Balg machen.[99]

Aus Wolthausen wird berichtet, dass der tote Wolf eines Morgens in der dortigen alten Lüßmannschen Gastwirtschaft auf dem Tisch gelegen habe. Der „Omnibusfuhrmann aus Bergen" habe „den letzten Räuber seiner Art aus hiesiger Gegend mit nach Celle" genommen.[100]

Damals nahm man an, dass das Tier im Deutschen Krieg 1870-71 wahrscheinlich in den Ardennen aufgestört und abgewandert sei. Der 1929 vom Allgemeinen Deutschen Jagdschutz-Verein, Bezirksverein Hannover, gesetzte „Wolfsstein" trägt die Inschrift: „Am 13. Januar 1872 wurde hier der letzte Wolf in Niedersachsen erlegt." Zu diesem Platz auf der Höhe der langen Brandrute, die heute „Wolfsbahn" heißt, hat man heute so ohne weiteres keinen Zutritt mehr, da er im Becklinger Holz liegt, was heute zum Truppenübungsplatz Bergen-Hohne gehört.

Forstmeister Schimmelfennig in Hannover, später Regierungs- und Forstrat in Magdeburg (1898 pensioniert), befasste sich aus gegebenem Anlass in einem Aufsatz ausführlich mit den Wolfsvorkommen in Ostfriesland im Zeitraum 1767 bis 1780. Einleitend schrieb er:[101]

Die hannoverschen Zeitungen brachten im Januar d. J. wiederholt Berichte über das Vorkommen von Wölfen an der Elbe, bei Goslar, bei Hildesheim, bei Lüchow und schließlich auch bei Walsrode. Es läßt sich schwer feststellen, ob man es an den genannten Orten überall mit Wölfen zu thun hatte, die Phantasie spielt bekanntlich gerade bei dieser Wildgattung eine große Rolle und eine Verwechslung mit Hunden ist in einem Lande leicht zu verzeihen, in dem die Wölfe nicht heimisch und nur benutzt sind, um die Schrecken der Versetzungen in die östlichen Theile unseres Vaterlandes zu perlustriren.

Daß aber alle diese Gerüchte nicht ganz aus der Luft gegriffen waren, zeigt uns ein starker männlicher Wolf, welcher von dem Förster Grünewald im Recklingerholz (sic!), *Forstrevier Fallingbostel, am 13. Januar erlegt worden ist.*

Dieser Wolf hatte sich erst bei Soltau, also mehr nach der Elbe hin, bemerklich gemacht, hatte bei Ostenholz am hellen Tage zwei Schafe, Angesichts zweier Schäfer, zerrissen, das eine davon in dem nächsten Gehölz verzehrt, und wurde bis in das Recklingerholz verfolgt. Hier konnte Grünewald ihn in einer 20 Hectar großen Kieferdickung einkreisen und nach gut arrangirtem Treiben auf 30 Schritt erlegen. Der Wolf ist 1,64 Meter lang, 0,85 Meter hoch und 45 Kilogramm schwer, gehört also unzweifelhaft zu den polnischen Wölfen, da die Ardennen=Wölfe diese Stärke nicht erreichen, während die stärksten polnischen Wölfe ein Gewicht bis zu 50 Kilogramm haben. Der glückliche Jäger hat sich in diesem Falle die Prämie, welche zehn Thaler beträgt, leicht verdient. In früheren Zeiten hat man im Hannövrischen den hohen Satz von fünfzig Thalern und eine Büchsflinte als Prämie bewilligt — ich kenne aber Niemanden, der sich diesen lockenden Gewinn verschafft hat, wohl aber erhellt aus den naturgeschichtlichen Werken, daß das Vorkommen der Wölfe in Norddeutschland schon seit vielen Jahren zu den Seltenheiten gehört. Dann mag aber auch die Jagd auf vereinzelt vorkommende Wölfe oft recht schmierig gewesen sein und der Schaden, den solche Bestie bei dem guten Wildstande und Schafheerden, welche Sommer und Winter auf der Weide sind, anrichtet, war sicher so bedeutend, daß sich die hohe Prämie vollkommen rechtfertigte. (...)

Man ging davon aus, dass das Standvorkommen der Wölfe in der Heide 1851 erloschen sei und dass die drei in den Jahren 1870 bis 1872 erlegten Tiere in die Heide eingewandert seien.[102] Außerdem hielt man die Wolfsgefahr in Hannover nun für immer gebannt.

Der Schütze, Leibjäger H. Grünewald, zählte laut dem Hof- und Staats-Handbuch für das Königreich Hannover auf das Jahr 1863 neben fünf weiteren Leibjägern, W. Moses, E. Pape, H. Berkefeldt, A. H. Jacobs und G. Junghans, zu den Hof-Livree-Bedienten im Ober-Hof-Marschall-Amt. Leibjäger waren Bedienstete, denen bei Treibjagden die Aufgabe oblag, das Reservegewehr ihrer Jagdherrn zu halten und das Jagdgerät zu tragen, die Gewehre zu laden und andere persönliche Dienstleistungen zu verrichteten. Das Ober-Hof-Marschall-Amt hatte, so der Staatskalender von 1835, „die Verwaltung der Policey in den K[öniglichen] Schloß-Gebäuden wahrzunehmen".[103]

Die Farbe des Jagdkleides sollte dem Wald oder der Erde ähnlich sein. Leibjäger erhielten meist eine livreeartige Uniform und das Jägerzeug, wovon man das einfache, nämlich Hornfessel und Kuppel, und das Kreuzzeug, Hornfessel, Wehrgehänge und Hirschfänger, unterschied. Ein internationales Auktionshaus scheint Kleidungsstücke des Leibjägers Grünewald versteigert zu haben. Auf der mittlerweile inaktiven Webseite war angekündigt: „e) samtene, grüne Stiefelhose mit goldenem Tressenbesatz und handschriftl. Bez. ‚Leibjäger Grünewald'. Provenienz: Versteigerung Königshaus Hannover, Schloss Marienburg, Oktober 2005, Los 3956."

Das „Grammatisch-kritische Wörterbuch der Hochdeutschen Mundart" von Johann Christoph Adelung verstand unter einem Leibjäger (1793) „ein(en) Jäger, welcher bey der Jagd beständig um die Person eines vornehmen Herren ist, der Leibschütz; zum Unterschiede von einem bloßen Hofjäger oder Hofschützen".

H. Grünewald erhielt die letzte im 19. Jahrhundert ausgezahlte Prämie für einen erlegten Wolf, nunmehr allerdings nur noch in Höhe von 10 Reichstalern gemäß eines Reskripts des Preußischen Ministeriums des Innern vom 22. März 1823, der haarklein den bürokratischen Ablauf der amtlichen Registrierung der erlegten beziehungsweise im Nest getöteten Wölfe regelte. Die 10 Reichstaler waren angesetzt für einen alten Wolf. Für eine alte Wölfin hätte Grünewald 12 Reichstaler Prämie erhalten.[104]

Seine Excellence, Graf zu Eulenburg, Minister des Innern in Berlin, verfügte unterm 11. Februar 1872:[105]

Auf den Bericht vom 31." v. Mts. ermächtige ich die Königliche Landdrostei, dem Förster Grünewald zu Wardböhmen für die am 13." v. Mts., im Becklinger Holze im Amtsbezirke Bergen bewirkte Tödtung eines alten Wolfes die gesetzliche Prämie von zehn Thalern aus der dortigen Bezirks=Haupt=Kasse zahlen zu lassen, ohne diese Ausgabe mit dem vorgeschriebenen Oberförster=Atteste über die Verstümmelung des Balgs zu belegen, da dieser Mangel durch den Umstand, daß der Bald im Königlichen Jägerhof zu Hannover ausgestopft und demnächst der Forst=Akademie zu Münden überwiesen werden soll, gerechtfertigt und im Uebrigen die Erlegung des Wolfes durch den p. Grünewald für erwiesen zu erachten ist.

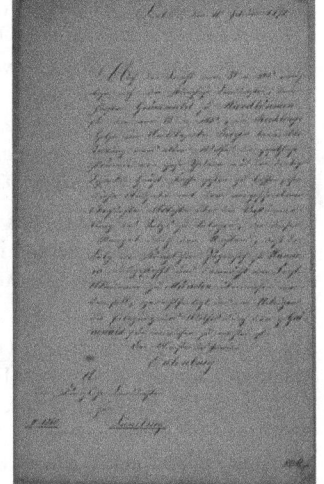

Der Minister des Innern am 11. Januar 1872. NLA-HStA Hannover Hann. 78 Nr. 1482. Repro: Blazek →

Forstinspektor Georg Harmes, Forstmeister zu Walsrode, bestätigte die sachliche Richtigkeit der Auszahlung: „Dem Herrn Finanz-Minister ist von der Erlegung des Wolfes am 14. d. M. direct Anzeige gemacht, und ersuche ich dem glücklichen Schützen, dem Förster Grünewald die früher übliche Prämie hochgeneigtest auszahlen zu lassen. Die Forstinspection. G. Harmes."[106]

Am 1. Juli 1892 trat H. Grünewald in den Ruhestand. Die „Deutsche Forst-Zeitung" vermeldete im gleichen Jahr auf Seite 390: „Grünewald, Förster zu Wardböhmen, Oberförsterei Wardböhmen, Regbz. Lüneburg, ist unter Bewilligung der gesetzlichen Pension in den Ruhestand versetzt worden."

In der „Zeitschrift für Forst- und Jagdwesen" heißt es 1919: „(...) Auch der Wolf hat sich im hiesigen Lande lange gehalten, – er war Standwild bis in das 19. Jahrhundert hinein, und einzelne Streifer sind noch später erlegt. Es gehört zu den interessantesten Kindheitserinnerungen des Schreibers dieser Zeilen, daß er vor jetzt 47 Jahren noch die Spuren eines Wolfes im Schnee und Tage darauf das im benachbarten Becklinger Holze erlegte Raubtier gesehen hat, welches jetzt ausgestopft in der forstakademischen Sammlung in Münden steht. Der glückliche Schütze, Förster Grünewald, ist erst vor wenigen Jahren hochbetagt gestorben."[107]

Ansicht der Königlich Preußischen Forstakademie Münden. Holzstich nach einer Zeichnung von Gottlob Theuerkauf (1833-1911), etwa 1870. Die Forstakademie Münden war eine 1868 gegründete Hochschule für Forstwissenschaften. 1872 traf dort der Wolfsbalg ein. Digitale Sammlung Blazek

In Burckhardts „Aus dem Walde" schrieb 1874 noch Forstmeister A. Meier zu Hankensbüttel, dass noch immer einzelne Wölfe durch das Lüneburgische streifen würden.[108]

> — Der letzte Wolf in Niedersachsen wurde im Februar 1872 vom Förster Grunewald, Wardböhmen, im Becklinger Holz, Kreis Celle, auf der Höhe der langen Braubrute, die heute „Wolfsbahn" heißt, erlegt. Um Waldwanderern die unscheinbar gewordene, doch immerhin interessante Stelle kenntlich zu machen, ist die alte halbrunde Rasenbank dort erneuert und auf den Platz davor Kies gebracht. In der Mitte davor, wo der Wolf niederstürzte, findet sich ein Stein mit der Jahreszahl 1872.

An der Stelle, wo der Wolf erlegt wurde, wurde eine Rasenbank angelegt, wie die „Cellesche Zeitung" in ihrer Ausgabe vom 13. Juni 1912 berichtete. Digitale Sammlung Blazek

In der Wardböhmer Schulchronik wird vom Setzen eines Gedenksteins im Becklinger Holz berichtet: „Der Gedenkstein wurde im Jahre 1929 von dem Allgemeinen Deutschen Jagdverein an der Stelle errichtet, wo der Förster Grünewald im Jahre 1872 den letzten hannoverschen Wolf schoß. Bis dahin war nur eine Rasenbank, vor der ein einfacher Stein mit der Jahreszahl 1872 stand, vorhanden. Hinter der Rasenbank standen einige kümmerliche Eichen."[109]

Der 1929 nahe der Wolfsbahn im Becklinger Holz aufgestellte Findling befindet sich heute im Bereich des Truppenübungsplatzes Munster. Foto: Jacqueline Wilmsen

Dr. Ernst Schäff, geboren zu Itzehoe am 28. August 1861, von 1893 bis 1910 Direktor des Zoologischen Gartens Hannover, berichtet in seiner „Jagdtierkunde" von nicht enden wollenden Wolfsvorkommen in kaiserlichen Zeiten: „1885 wurde ein Wolf in dem Merenthiner Forst (Provinz Brandenburg) erlegt, 1888 bei Fürstenau; am 3. August 1897 kam auf der Feldmark Mlynkowo ein starkes Exemplar zur Strecke, Anfang Februar desselben Jahres eins in Koninko (beide Orte in der Provinz Posen belegen). Auch in Schlesien treten hier und da noch vereinzelte Wölfe auf, die bis in die Lausitz vordringen. Im Südosten beherbergen, soviel mir bekannt, die Reichslande noch ständig Wölfe, deren Zahl sich besonders im Winter von der französischen Grenze her vermehrt."[110]

Der Tiger von Sabrodt

Bis zum Zweiten Weltkrieg galt der Wolf in der Ober- und Niederlausitz als endgültig ausgerottet. Nach einem Aufsatz im Lübbenauer Kreiskalender für 1937 fand die bis dahin letzte Wolfsjagd in der Niederlausitz im Januar 1844 statt. Zwanzig Forstbeamte als Schützen und 100 Treiber, zumeist Einwohner des Dorfes Drachhausen im angestammten Siedlungsgebiet der Sorben, jagten im Tauerschen Forst einen einzigen Wolf, welchen schließlich der Förster Liepe aus Lieberose, etwa 100 Kilometer südöstlich von Berlin, zur Strecke brachte, dem aufgrund dessen die herkömmliche staatliche Wolfsprämie von 10 Talern zugesprochen wurde. Bei dieser Darstellung wurde allerdings ein Ereignis übersehen.[111]

Am 27. Februar 1904 erlegte Privatförster Paul Brämer aus Weißkollm in der Nähe des Königlichen Revierförsterbezirks Neustadt an der Gräflich Arnim'schen Reviergrenze in der Oberlausitz (Sachsen) aus etwa 40 Schritt Entfernung mit einem Schrotschuss einen starken Wolfsrüden.

Förster fanden bei Hoyerswerda im Winter 1899/1900 wiederholt Risse von Rehen und anderem Wild. Da es in der Gegend lange Zeit keinen Wolf mehr gegeben hatte, vermutete man anfangs ein ausgebrochenes Zirkustier als Verursacher. Bei der Bevölkerung als raubsüchtiges Ungetüm berüchtigt, erhielt der Wolf nach dem Ort seines ersten Auftauchens in der bürgerlichen Lokalpresse den Spitznamen „Tiger von Sabrodt". Die Kreisverwaltung setzte eine Prämie von 100 Mark auf das Erlegen des Tieres.

„Der Zoologische Garten" berichtete: „Wiederholt war man zwar der Bestie auf der Spur, konnte aber trotzdem nicht feststellen, ob ein Luchs, ein Wolf oder ein verwilderter Hund sein Unwesen treibe. Obwohl die Kreisverwaltung eine Prämie von 100 Mark auf die Unschädlichmachung des Tieres setzte, gelang es keinem Schützen, dasselbe zu erlegen."[112]

Die Vorsicht und Schnelligkeit des Wolfes spotteten allen Nachstellungen. Nachdem er in letzter Zeit wiederholt gespürt worden war, meldete am 27. Februar 1904 der Revierförster Ernst Dommel in Neustadt an der Spree der Königlichen Oberförsterei telefonisch sichere Anzeichen seiner Anwesenheit, worauf sofort eine große polizeiliche Jagd veranstaltet wurde.

An der von dem weltmännischen königlichen Oberförster Friedrich Karl Richard von Gronefeld (1860-1941) geleiteten Treibjagd beteiligten sich 18 Jäger. Der frisch gefallene Spurschnee ermöglichte es, der Fährte des Tieres zu folgen. Zahlreiche aufgebotene Wagen brachten Schützen und Treiber schnell der Spur nach, sodass es am Nachmittag gelang, das Raubtier auf Revier Tzschelln einzukreisen. Der herrschaftliche Oberförster Dutmer aus dem sächsischen Böhla kam zum Schuss und verwundete es, jedoch wohl nicht tödlich, weil er auf eine große Entfernung schoss. Das verwundete Tier wandte sich nach einer offenen Fläche, wo Revierförster Paul Brämer aus Weißkollm auf etwa 30 Meter es glücklich traf. Das Tier flüchtete noch bis zu einem nahen Dickicht, wo man es bald verendet fand.[113]

Walther Fournier (1870-1943), der von 1895 bis 1932 unter dem Autorenpseudonym „Der wilde Jäger" etwa 100 Artikel in der Jagdzeitung „Wild und Hund" veröffentlicht hat, wohnte der Jagd bei. Sein Text befindet sich im Anhang.

Laut Fournier soll es sich bei dem erlegten Tier um einen alten, angeblich 41 Kilogramm schweren Wolfsrüden gehandelt haben.

Die Kreisblätter in Hoyerswerda und Weißwasser berichteten am 1. März 1904 übereinstimmend, dass sich der Wolf bereits im März 1900 durch Wildschäden im Raum Sabrodt bemerkbar gemacht habe.

Der vorerst letzte freilebende Wolf in Deutschland war zur Strecke gebracht. Den Wolfskadaver stellte man im Hoyerswerdaer Schützenhaus aus. Binnen weniger Tage zahlten 500 Besucher gern die 10 Pfennig Eintritt, um ihn zu sehen. Anschließend wurde der Wolf bei dem renommierten Präparator und Büchsenmacher Otto Bock in Berlin, Kronenstraße 7, Hoflieferant des Kaisers von Russland, präpariert und im neu gebauten Kreishaus, dem heutigen Neuen Rathaus Hoyerswerda, ausgestellt. Später wechselte er ins Stadtmuseum Hoyerswerda, wo er auch heute noch, geschützt von einer Glasvitrine, zu sehen ist.[114]

Förster Brämer (und Familie) aus Weißkollm, der den Wolf erlegte. Fotograf nicht bekannt. Repro: Stadtmuseum Hoyerswerda

Oberförster von Gronefeld, später Forstmeister in Ohlau im Regierungsbezirk Breslau, überließ der Senckenbergischen Naturforschenden Gesellschaft in Frankfurt am Main zwei Photographien des erlegten Wolfes.

Die Jagdzeitschrift „Wild und Hund" freute sich in der damaligen Ausgabe: „Nun ist Gott sei dank Ruhe, und den Erfolg werden wir recht bald an unserem Wildstand merken ..."[115]

Mit Blick auf das Ereignis von 1904 und auch aus nationalsozialistischen Erwägungen wurde Sabrodt am 30. November 1936 in „Wolfsfurt" umbenannt und behielt diesen Namen bis 1947.

„Auch wenn die ausgestopften Körper der vermeintlich letzten Wölfe seit der Mitte des 19. Jahrhunderts die Dienstzimmer der Jagdbehörden oder die Museen schmückten, an den Abschussstellen Gedenksteine errichtet wurden und der Wolf als heimische Tierart letztlich als ausgerottet gelten kann, gelang es auch im 20. Jahrhundert noch vereinzelten Tieren, bis nach Norddeutschland vorzudringen", schreibt Gerd van den Heuvel.[116]

Der 1904 erlegte Wolf, wie er im Treppenhaus des Stadtmuseums Hoyerswerda steht.
Foto: Detlef Degner, Hoyerswerda / Stadtmuseum Hoyerswerda

Seit 1996 leben wieder Wölfe in Deutschland. Die ersten kamen aus Polen in die Lausitz. Auf Truppenübungsplätzen ließen sie sich nieder. Da es in Deutschland nicht an Wild mangelt, vermehrten sich die Raubtiere dort gut. Doch diese sächsischen Wölfe waren nicht die ersten, die versuchten, Deutschland wieder zu besiedeln. Zwischen 1945 und 1990 sollen mindestens 23 Wölfe versucht haben, nach Deutschland zurückzukehren. Sie wurden abgeschossen oder überfahren.

Allein zwischen 1945 und 1980 wurden sechs Wölfe im Raum der Lüneburger Heide zur Strecke gebracht. Am 27. August 1948 erlegte der 61 Jahre alte Bauer Hermann Gaatz aus Eilte in der Schotenheide bei Fallingbostel einen 95 Pfund schweren Wolfsrüden, den „Würger vom Lichtenmoor", der zuvor Schafe gerissen und Rinder auf den Weiden getötet hatte.[117] Bei weitem nicht so raubgierig waren die Wölfe, die in den folgenden Jahren in unserer Heimat erlegt wurden. Am 22. März 1952 erlegte der Jagdpächter und Holzhändler Hermann König bei Unterlüß einen starken Wolfsrüden, am 22. Juli 1952 der Landwirt Arnold Munstermann ebenfalls einen Rüden am Rande des Truppenübungsplatzes Munster. Willi Scharf tötete am 20. Oktober 1955 einen Wolf bei Lichtenhorst, nachdem dieser zuvor von Richard Weende im Tellereisen gefangen worden war; auf sein Konto gingen 12 Rinder und 36 Schafe. Am 15. Februar 1956 wurde bei einer Treibjagd im Forstort Stüh bei Knesebeck ein 82 Pfund schwerer Wolfsrüde, der mindestens 30 Stück Rehwild gerissen hatte, erlegt.[118] Am 15. Dezember 1973 wurde in der Gemarkung Bötersen, Kreis Rotenburg (Wümme), eine knapp acht Monate alte Wölfin nach kurzer Verfolgung von einem Polizeibeamten durch Kugelschuss erlegt.[119] Am 22. Oktober 1982 schließlich wurde in Südwinsen, Kreis Celle, eine vermutlich zweijährige Wölfin erlegt.[120]

1990 wurde der Wolf in allen Bundesländern unter strengen Schutz gestellt. Im Mai 1991 wurden in Brandenburg innerhalb weniger Wochen vier Wölfe illegal geschossen. Am 7. November 2002 wurde ein „Wanderwolf" im Bramwald im Weserbergland gemeldet und von einem Jäger, der sich bedroht fühlte, erlegt. Am 15. Dezember 2007 erschossen niedersächsische Jäger im Zuge einer Gesellschaftsjagd bei Gedelitz im Wendland (Kreis Lüchow-Dannenberg) vorsätzlich einen frei lebenden 37 Kilogramm schweren Wolfsrüden. Seit Mai des Jahres war wiederholt ein Wolf gesichtet worden, vor allem im Landkreis Uelzen. Ein beteiligter Jäger wurde daraufhin zu einer empfindlichen Geldstrafe verurteilt.

In Niedersachsen gibt es aktuell drei Wolfsfamilien: in Munster, auf dem Truppenübungsplatz Bergen und in Gartow im Wendland. Dazu kommen einzelne Tiere, die in der Nähe von Meppen, Gifhorn und Cuxhaven nachgewiesen wurden. Wolfsexpertin Britta Habbe schätzt den Wolfsbestand in Niedersachsen damit auf rund 30 Tiere. Die Rückkehr der Wölfe wird von der Landesregierung begrüßt, obwohl sie wirtschaftliche Schäden bei den Nutztierhaltern verursacht.[121]

Vereinsnachrichten: General-Versammlung des Landes-Vereins Provinz Hannover am 21. Mai 1882, in: Der Waidmann – Blätter für Jäger und Jagdfreunde, Nr. 38/1882.

Digitale Sammlung Blazek

Luchsstein bei Lautenthal im Harz (Juni 2007). An dieser Stelle wurde im Zuge einer elftägigen Treibjagd am 17. März 1818 der letzte Luchs des Harzes erlegt.

Foto: Hejkal/Wikipedia (gemeinfrei)

Quellenexegese (1):

Bär, Luchs und Wolf im Harz:

Zur Lage in Südniedersachsen

Am 7. November 2002 wurde ein „Wanderwolf" im Bramwald im Weserbergland gemeldet. Noch Anfang der 90er-Jahre wurden solche Tiere sehr schnell geschossen. Der Bramwald-Wolf erwies sich als ein entlaufener Gehege-Wolf, eine Fähe, die gleich bei ihrem ersten Auftreten am Ortsrand von Ellershausen fünf Schafe des pensionierten Pastors Werner riss. Über Weihnachten war sie in der Gegend von Göttingen unterwegs und riss im Raum Gieboldehausen ein Reh und eine Heidschnucke. Schließlich wurde das Tier, das man auf den Namen „Puck" taufte, von einem Jäger, der sich wohl bedroht fühlte, erlegt.[122]

Bär, Wolf und Luchs wurden in früheren Zeiten im Harz intensiv und unter Auslobung von Schussprämien bejagt. Im Dezember 1665 beispielsweise veranstaltete Herzog Johann Friedrich eine Sau- und Wolfsjagd im Lauenburger Forst im Solling, zu der aus dem Amt Harste 55 Mann auf drei Tage abgestellt werden mussten, die sich in Fredelsloh sammeln sollten.[123] Eine Jagd gleicher Größe hatte bereits Ende November stattgefunden, und am 2. Januar folgte eine weitere. Das Ergebnis der unnachgiebigen Nachstellungen: 1696 verschwand im Harz der Bär von der Bildfläche, 1798 der Wolf und 1818 der letzte Luchs in Deutschland überhaupt.

In früheren Zeiten waren die Wölfe die großen Nahrungskonkurrenten des Menschen, die immer tiefe Spuren hinterließen, wenn sie dem Menschen und seinem Vieh zu nahe kamen. Jede Herrschaft rühmte sich zudem, wann und wo der letzte Räuber auf ihrem Hoheitsgebiet erlegt wurde.

Die großen Raubtiere im Harz wurden binnen weniger Jahre ausgerottet. 1614 fraßen Bären Rinder, die zur Ilsenburger Herde gehörten; 1656 sind Bären am Brocken bezeugt; 1637 erlegte Herzog Georg von Lüneburg drei Stück bei Lutter am Barenberge.[124]

Ignaz Zeppenfeldt (1760-1831), Archivar des bischöflichen Archivs, nahm sich kurz vor seinem Tode dem Thema Wolfsjagden um Hildesheim in der Zeit während und nach dem Dreißigjährigen Krieg (1618-1648) an. Wieder einmal wird deutlich, wie stark die Populationen kriegsbedingt angestiegen waren. Die Aktenauszüge wurden 1830 veröffentlicht.[125]

Im März 1633 wurde vor der Stadt Hildesheim, in der Gegend des im Jahr zuvor abgebrochenen und vor dem Ostertor befindlichen Schweins- oder Brunsturms ein Wolf von Hunden todgebissen. Am 1. Mai 1635 wurden bei einer für den Hildesheimischen Stadtkommandanten Alexander Östringer ausgerichteten Jagd zwei Wölfe, 9 Füchse und 15 Hasen erlegt und ein lebendes Reh eingefangen. Am 22. März 1637 zog Herzog Georg von Lüneburg auf die Wolfsjagd bei Lamspringe und kam nach drei Tagen nach Hildesheim zurück. Am 17. Oktober 1637 zog derselbe nach Lutter am Barenberge, um an einer Bärenjagd teilzunehmen. Sein Erfolg: „er bekam drei Bären und ein wildes Schwein." Im gleichen Jahr ließen sich bei dem Ostertor Wölfe sehen. Am 29. November 1646 schoss der Förster des Herrn Julius Heinrich v. Rauschenplatt zu Sellenstedt einen Wolf, weshalb von Rauschenplatt sich anschließend mit der Regierung in Sachen Jagdgerechtigkeit auseinandersetzen musste.[126]

1652 den 4. März ging der Hildesheimische Fürstbischof Maximilian Heinrich im Finkenberge auf die Wolfsjagd; es wurden zwei Wölfe erlegt, auch ward „eine Trappgans," die nur in den strengsten Wintern wohl hier kommt, geschossen.

Die Hildesheimische Regierung schrieb im Jahre 1652 den 22. Mai an den Jägermeister Alhard Gottschalk Schilder:

„Demnach das schädliche Thier der Wolf, im Amte Heine dergestalt überhand nimmt, daß er innerhalb wenig Tagen 16 Kühe zernichtet hat, weiterm Unglück aber, so viel möglich vorzubeugen, die Schuldigkeit erfordert, so wollet Ihr mit Wildwagen acht Stück Wolfsgarn an den Drost Hermann Christoph v. Mandelsloh unaufhaltsam nach Peine schaffen."

1652 schrieb die Regierung an den Oberforstmeister Schilder: Der Drost Arnold Friedrich v. Landsperg zu Hunnesrück hat berichtet, daß die Wölfe in diesem Amte großen Schaden anrichten, zu deren Wegräumung Ihr eine Wolfsjagd anstellen werdet.

1655 den 16. Januar, berichtet der Oberforstmeister Schilder, daß im Amte Peine, woselbst sich die Wölfe außerordentlich vermehrten, nothwendig eine Wolfsjagd gehalten werden müsse.

1655 den 11. December, schreibt die Hildesheimische Regierung an den Oberforstmeister Schilder, er solle 18 neue Wolfsgarne machen lassen.

„Beiläufig sagt sie: gegen anstehendes Christfest habt Ihr für das Regierungspersonal an Wildprett, was dessen das Glück geben möchte, einzusenden."

Der Oberforstmeister Schilder schrieb im J. 1658 dem Fürstbischofe, daß im vergangenen strengen Winter die Raubthiere dem Wilde viel geschadet hatten, er habe 11 Wölfe und 2 Luchse getödtet, die Felle dieser Thiere habe der Kammersekretarius erhalten.

1658 beschweren sich die Landstände wegen der häufigen Wolfsjagden. Im Amte Winzenburg seyen sonst jährlich nur zwei Wolfsjagden gehalten, jetzt hätten mehrere statt, welches den Unterthanen, da sie unter Anführung der Amtsvögte und Gohgräfen zum Klappern gebraucht würden, beschwerlich falle, da sie ohne dem die hohe Jägerzehrung zu leisten hatten.

1660 ließ die Regierung zu Hildesheim Wolfsgarne in Einbeck machen.

1663 im Februar hielt der Oberforstmeister Schilder im Amte Hunnesrück eine Wolfsjagd.

1666 hielt der Jägermeister Ignaz v. Weichs im Winzenburgschen eine Wolfsjagd, indem sich 13 Wölfe am Himpfeberge und 6 Wölfe am Sackwalde hatten sehen lassen.

In der Hildesheimischen Forstverordnung vom 22. Februar 1667 kommt folgendes vor:

„Verordnen und wollen, daß, gleich vor diesem im Stifte Hildesheim allezeit üblich gewesen, die Schäfer zu dem nöthigen Wolfszeug das Ihrige beytragen, damit die Wölfe den Schäfern selbsten zum Besten, so viel möglich, vertilgt werden."

1667 hat der Oberjägermeister v. Weichs im Januar, Februar und März, drei Wolfsjagden im Amte Steuerwald vom Galgenberge vor Hildesheim an, bis in den Wenzerberg, in der Ilse und nach dem Vorholze hinan, angestellt.

Wegen der Wolfsjagden ward im Jahre 1668 den 12. Februar folgende Verordnung erlassen:

„Demnach sich der Stifts=Hildesheimische Oberforst= und Jägermeister Freiherr v. Weir beschwehret, daß wegen noch abgehenden Wolffsgarn mit den anstellenden Wolffsjagdten wenig fruchtbarlichs auszurichten sey, sondern ein solches schädliches Thier sich immerhin vermehren lassen müßte, und dann allen und jeden Schäfern am meisten daran gelegen ist und zu Nutzen kommt, daß die Wölfe weggefangen und vertilget werden, als ist dieses Patent Ihm v. Weir zu dem Ende ertheilt worden, damit Er behuffs Anschaffung mehrer Wolffsgarne, von jedem Schaffmeister 12 Mgr., von jedem Schäferknechte aber 5 Mgr. kollectiren laßen, und von den Beamten dazu verholffen werden mögen, nicht zweiflend, es werden die Gerichtsherrn und Klöstere (zumahln es einem so wohl als dem andern zum Besten gereichet) Ihre angehörige Schäffer und Schäfferknecht gleichfalls dazu zu kontribiren anhalten zu lassen belieben. Urkundlich aufgedruckten fürstl. Stift=Hildesh. Canzley Siegels."

Hildesheim, d. 12. Febr. 1668.

(L. S.)
Johann Dauber.

M. Bertram.

1670 ward eine Wolfsjagd im Amte Hunnesrück gehalten.

1680 hielt man eine Wolfsjagd drei Tage hinduch im Amte Hunnesrück.

1690 und 1693 hielt der Oberjägermeister Beißel von Gymnich Wolfsjagden im Winzenburgischen.

Jetzt sind im Hildesheimischen die Bären, Wölfe, Luchse etc. vertilgt.

Im November 1696 erlegte der Forstlehrling Kersten unterhalb des Ramberges, wie die Viktorshöhe damals noch hieß, nicht weit von Gernrode, den angeblich letzten Bären, einen Braunbär.[127] Abseits der Rambergstraße wurde daraufhin der „Bärstein" aufgestellt, der an den letzten im Herzoglich Anhaltischen Harz erlegten Bär erinnern soll. Der letzte Bär im gesamten Harz soll allerdings erst knapp zehn Jahre danach unweit des Brockens erlegt worden sein. Der diplomatische Agent Michel Ange Mangourit (1752-1829) schreibt 1805: „Auch die Bären sind aus den Waldungen gewichen. Der letzte wurde zu Anfange des achtzehnten Jahrhunderts auf dem Harz, in der Nähe des Brocken erlegt."[128] Der abgeschnittene Kopf dieses Bären zierte das Tor der alten Burg zu Elbingerode „und soll ... dort noch 1740 zu sehen gewesen sein".[129]

Die Ausrottung des Bären klingt doch eher paradox vor dem Hintergrund, dass um 1600 die Zahl der Bären im Harzgebiet inzwischen stark abgenommen hatte und Heinrich Julius, Herzog zu Braunschweig und Lüneburg und Fürst von Braunschweig-Wolfenbüttel, sich daher veranlasst sah, Bären im Harz auszusetzen.

Hirten meldeten im Frühjahr 1723 junge Wölfe im Harzburger Forst. 1724 spürte man im südlichen Unterharz zwei Wölfen nach, die viel Schaden anrichteten. Eines der Tiere wurde gleich im Januar 1724 im Kreis Sangerhausen erlegt, in der Nähe des Jagdhauses Schwiederschwende. Weil es eine Fähe war, zog man „ihm Weiberkleider an und hing es an einem Galgen auf". An der Stelle wurde genau 100 Jahre später ein Denkmal zur Erinnerung an den erfolgreichen Abschuss errichtet. Es dient zudem als steinerner Wegweiser und verkündet: „Unter der Regierung des Grafen Jost Christian zu Stolberg-Roßla wurde im Monat Januar 1724 der letzte Wolf allhier erlegt."

Die umwohnenden Harzer haben, wie es heißt, früher diesem steinernen Wolf beim Vorübergehen gern die Ohren abgeschlagen, weshalb im Scherz erzählt wurde, der gräfliche Baumeister zu Roßla müsse immer etatsgemäß ein Dutzend Paar Wolfsohren vorrätig halten, um die abgeschlagenen des steinernen Wolfes ersetzen zu können.

Eine im März 1724 abgehaltene Wolfsjagd blieb ohne Erfolg.

Merkwürdig war dann noch die letzte feierliche Wolfsjagd im Harz, in deren Verlauf der Wolf 1798 vom Grafen Ferdinand erlegt wurde und der Pfortenberg, an welchem der tödliche Schuss gefallen war, seitdem „Wolfsberg" genannt wird. Um der Jägerei seine Freude und seinen Dank für die bei der Wolfsjagd gehabte viele Mühe und Arbeit zu bezeugen, veranstaltete der Graf Ferdinand am 29. März ein kleines Fest, wozu er die gesamte Jagdgesellschaft auf Mittag, Nachmittag und Abend einlud. Die Jäger begaben sich im Zuge zum Festhaus. Ihnen folgten die Schützen, welche bei der Wolfsjagd zugegen waren, und dahinter 16 junge, als Schäferinnen gekleidete Mädchen, die von jeder Schäferei dem Sieger ein Lamm zur Dankbarkeit darbrachten. Ein Jäger überreichte dem Grafen den Wolfsbalg nebst folgendem Vers:

Hier ist der Balg vom Ungeheuer,
das Ferdinand erlegt;
der Jäger zollt ihm seinen Dank,
der Hirsch beim sichern Weidegang,
und friedlich bringt der Hirten Scham
zur Dankbarkeit ein Lämmchen dar.

Ein Jagdteilnehmer schmiedete später den Vers: „Das ist der eine Wolf? Wer straft die vielen Wölfe, die in der Gotteswelt noch wandern – Vaterland nicht achtend?"

C. G. Friedrich Brederlow berichtet, dass eine Klaue über der Tür des 1776 zu Ehren des fürstlichen Verwandten Friedrich Erdmann von Köthen-Pless erbauten Wirtshauses angenagelt worden sei mit dem Hinweis darunter, dass in der Nähe der Graf Ferdinand 1798 einen Wolf erlegt habe.[130]

Die beiden letzten westdeutschen Luchse wurden 1817 am Renneckenberg bei Wernigerode vom Ilsenburger Forstkontrolleur Wilhelm Theodor Kallmeyer und 1818 bei Lautenthal erlegt. Ihre Reste wanderten in die Museen und Schlösser von Braunschweig und Wernigerode. Kallmeyer schoss den einen Luchs im Zuge einer Treibjagd am 24. März 1817 an, und die Revierförster Hoefer und Roth erledigten den Rest. Der ausgestopfte Balg des Luchses wanderte später in die Gräfliche Erz- und Gesteinssammlung.[131] Am 17. März 1818 erlegte der königliche hannoversche Reitende Förster Johann Friedrich Wilhelm Spellerberg am Teufelsberg bei Lautenthal den wohl letzten Harzer Luchs, ein 41 Pfund schweres männliches Exemplar. Dem Ereignis war eine elftägige Jagd vorausgegangen, an der in zwei Etappen rund 100 Treiber und 80 Jäger beteiligt waren. Durch das Herz getroffen, machte das eingekreiste und angeschossene Tier noch einen mächtigen Sprung über eine 6 Fuß hohe Tanne 17 Fuß weit, dem noch ein letzter Sprung von 12 Fuß Weite folgte.[132]

Georg IV. verfügte 1819, dass der letzte im Harz erlegte Luchs im Fürstlichen Museum ausgestellt werden sollte. Man konnte ihn später im Naturhistorischen Museum zu Braunschweig bewundern. Die Braunschweigische Jägerei überreichte Förster Spellerberg noch am 22. Januar 1825 einen innen vergoldeten Silberpokal mit einem Luchs auf dem Deckel.[133]

Damit hatte man sich auch der letzten Räuber im südlichen Niedersachsen entledigt; verschwunden waren die Wölfe in Niedersachsen aber noch lange nicht. Gerade nach Kriegszeiten und vor allem von Osten her wanderten sie regelmäßig ein und wurden auch immer wieder bejagt. Noch bis Mitte des 19. Jahrhunderts wurden die Wölfe in Niedersachsen regelmäßig ausgemacht und als Nahrungskonkurrenten bejagt.

Zwar war Norddeutschland seit dieser Zeit weitgehend wolfsfrei; dennoch wurden laut dem Sachbuchautor Erich Hobusch beispielsweise im Jahre 1885 insbesondere in den östlichen Landesteilen noch 79 Tiere zur Strecke gebracht (davon 22 lebend gefangen). Da waren Wölfe in Niedersachsen längst Geschichte.

Der Schweißhund und sein Gebrauch am Jägerhofe zu Hannover, in: Der Waidmann – Blätter für Jäger und Jagdfreunde, Nr. 2/1880.   Digitale Sammlung Blazek

Quellenexegese (2):

Stattliche Gebäude als Amtwohnung für die Jägerschaft:

Der Königliche Jägerhof zu Hannover

Organisationsmäßig gehörte die königlich hannoversche Jagdverwaltung – völlig getrennt von der Forstverwaltung – als Oberjagddepartement zum königlichen Hof. Der stattliche Jägerhof, in den Jahren 1750 bis 1756 an der Stelle eines Vorgängerbaus aus der Zeit um 1657 im Georgengarten errichtet (heutige Jägerstraße), diente als Amtwohnung für den Oberwildmeister, den Oberjäger, den Hofjäger, die königlichen Jäger und den Büchsenspänner Seiner Majestät. Ein Hundejunge gehörte (1850) ebenfalls zum Personal. Auch hatte die Meute dort ihren Zwinger. In diesem großen stattlichen Bau im Georgengarten, nur wenige Schritte vom Königsworther Platz entfernt, hatten bis 1866 die Königlichen Hofjäger ihren Wohn- und Arbeitsplatz. Dann, im Jahr der Annexion Hannovers durch Preußen, wurden der Hannoversche Jägerhof und das Hannoversche Oberjagddepartement aufgelöst. Das Gebäude ging über in den Besitz des Domänenfiskus Staat Preußen. Als 1866 der Jägerhof einging, verschwand auch die dortige Zucht der so genannten Jägerhundrasse, einem aus der Heiderasse hervorgegangenen Leithund. Nachdem der ehemalige Jägerhof im Zuge des Bombenangriffs vom 18./19. Oktober 1943 sehr stark zerstört war, überlegte man zunächst, diesen als Studentenwohnheim wieder aufzubauen.[134]

Das berühmteste Markenzeichen dieses Jägerhofes war die speziell dort vorgenommene Zucht des Hannoverschen Schweißhundes.[135]

Karl Friedrich Baur schreibt 1842:[136] „Das bei der Jagd unmittelbar angestellte Personal ist:

1) Beim Oberjagddepartement, wirkliche Mitglieder 3, Jagdjunker 4,
2) Beim Jägerhofe zu Hannover: Oberwildmeister 1, Oberjäger 1, Hofjäger 1, Jäger 10,
3) Beim Jagdzeughaus zu Linden: Oberwildmeister 1, Jagdzeugwärter 1,
4) Bei der Gewehrkammer: Oberjäger 1, Hofrüstmeister 2,
5) Beim Thiergarten zu Kirchrode: Oberwildmeister 1, Gehegereiter 1."

Die hier aufgeführten Oberwildmeister waren ein und dieselbe Person.

An oberster Stelle des Oberjagddepartements, das 1773 zum Hofetat hinzutrat, stand der Oberjägermeister, dem ein Jagdsekretär (1819, 1835 Leonhard Heinrich Anton Lampe, 1846 Dr. Conrad Gerhard Joachim Hartwig Friederici) und später (1846) auch zwei Jägermeister zugeteilt wurden (Wilhelm Carl Friedrich, Freiherr Knigge und Otto Hartwig von Reden).[137]

Oberjägermeister im Zeitraum 1814-1820 war Carl August Friedrich von Voß (1750-1820), von 1820 bis 1823 Johann Christian von Düring (1751-1823), von 1823 bis 1835 Ludewig von Zastrow (1751-1840), von 1840 bis 1859 Carl Ludewig August Graf von Hardenberg (1791-1865) und von 1862 bis 1866 Otto von Reden (1811-1895). Alle Oberjägermeister hatten forstwissenschaftliche Ausbildungen durchlaufen.[138] Um 1835 gehörten dazu noch mindestens fünf adlige Jagdjunker, die laut den Staatshandbüchern meistens in den folgenden Jahren in die höheren Ämter der Jagdverwaltung aufstiegen. Laut „Allgemeiner Forst- und Jagd-Zeitung" vom Jahre 1840 waren die Jagdjunker „Hoftitel ohne bestimmte Dienste". 1837 hießen die Jagdjunker Alexander Levin Graf von Bennigsen, Georg von der Decken, Wilhelm Carl Friedrich Freiherr Knigge, Otto Hartwig Wulbrandt von Reden, August Louis von Schrader, Ernst Wilhelm Johann von Reden und Carl von Wrede.[139] 1846 wurde nur ein Jagdjunker aufgeführt, nämlich Albert Carl Ernst Friedrich Ferdinand Graf von Hardenberg.

Unter den hannoverschen Oberjägermeistern fand einer ein unrühmliches Ende, und zwar Otto Friedrich Graf von Moltke (1639-1692), ein deutscher Staatsmann und kurhannoverscher Oberjägermeister. Er wurde wegen Beteiligung an einer Verschwörung gegen den Herzog Ernst August (1629-1698) angeklagt. Trotz der Bitten seiner Frau und seiner Kinder und zahlreicher anderer Personen, die sonst bei Ernst August wohl Einfluss hatten, wurde er am 15. Juli 1692 auf dem Wall hinter dem Reithaus zu Hannover öffentlich enthauptet.[140] Der Oberhofprediger Hermann Barkhausen sprach ihm ein Gebet vor, bei dem Worte Amen trennte das Schwert des Nachrichters Moltkes Haupt vom Rumpf. Wilhelm Havemann schreibt 1838 in seiner „Geschichte der Lande Braunschweig und Lüneburg": „Am 15. Julius 1692 wurde der Jägermeister Otto Friedrich von Moltke im Sterbekleide, den Hut mit schwarzem Krepp umwunden, welcher bis zu den Füßen herabwallte, ein Gebetbuch in der Hand, in einer schwarz beschlagenen, von Trauerpferden gezogenen Kutsche nach dem Ravelin hinter dem Marstall geführt. Dort saß der Gerichtsschulze mit seinen Beisitzern, auf dessen Frage: «ist es so viel am Tage, daß man allhie peinlich Gericht halten kann?» die Geschworenen der Altstadt mit Ja antworteten. Dann erhob sich der Gerichtsschulze und brach den Stab über dem Verurtheilten entzwei, welcher alsbald vom Nachrichter enthauptet wurde. Er litt den Tod mit Festigkeit, nicht ohne Reue; seine Leiche wurde der Wittwe zur Beerdigung übergeben und durch acht Unterofficiere bestattet." In „Herrn Christian Weisens Curieuse Gedancken von den Nouvellen oder Zeitungen", Leipzig und Coburg 1706, verlautet auf Seite 245: „Den 15. zu Hannover der gewesene Ober-Jägermeister daselbst von Molckten/ wegen begangener vielen Delicten an seiner hohen Herrschafft und auf dem Lande / auf dem Stadt-Wall enthauptet."

Quellenexegese (3):

Ohne ihn lief bei der Jagd in der Göhrde nichts:

Oberwildmeister Heinrich Wallmann

Der Königlich Hannoversche Oberwildmeister Heinrich Wallmann diente unter zwei Welfenkönigen und zwei Regenten aus dem Hause Hohenzollern. Er besaß ein lange Praxis und große Erfahrung. Geboren wurde er am 2. Juni 1794 zu Hoyerhagen in der Grafschaft Hoya geboren, er durchlief die Laufbahn der Forstverwaltung. Nachdem am 23. Mai 1830 der Oberwildmeister Christoph Friedrich Knop im Alter von 75 Jahren gestorben war, rückte der Hofjäger Albrecht Toppius nach 30 Dienstjahren am Jägerhof zu Hannover auf. Heinrich Wallmann wurde im gleichen Atemzuge vom Gehegereuter zum Hofjäger befördert. Es folgte zunächst die Ernennung zum Wildmeister im Jahre 1839. Anfang 1843 schließlich trat er die Nachfolge von Albrecht Toppius als Oberwildmeister an. In dieser Funktion hat er sich wie sein Vorgänger um die Pflege der hannoverschen Jagdtradition große Verdienste erworben. Hierarchisch unterstand Wallmann als Beamter des Jägerhofes zu Hannover neben dem Oberjäger, dem Hofjäger, elf königlichen Jägern, dem Jagd-Zeughaus, der Gewehrkammer, dem Tiergarten zu Kirchrode, dem Saugarten bei Springe am Deister und der Fasanerie zu Rotenkirchen dem Oberjägermeister (das war 1840-1859 Carl Ludewig August, Graf von Hardenberg [* Celle 09.10.1791, † Hannover 15.05.1865]).

Heinrich Wallmann hatte in seiner Funktion als Oberwildmeister das Jagdzeug für in der Göhrde eingestellte Jagden, wie Leinen, Lappen, Netze und Tücher, aus dem Jagdzeughaus in Linden zu holen, nachdem mit dem Regierungsantritt des Königs Ernst August I. von Hannover (1837) die Göhrde als Jagdgehege wieder zur Geltung gekommen war. Laut der Beilage zur „Allgemeinen Zeitung" (München) vom 14. Juni 1842 hatte Wallmann damals soeben vom König zu Hannover neben anderen den Guelphenorden IV. Klasse verliehen bekommen. Im Jahr 1846 wurde er zum wirklichen Oberwildmeister ernannt. Ein um 1850 entstandenes Gemälde von seinem Sohn Ferdinand zeigt den Oberwildmeister Heinrich Wallmann zu Pferd, wie er Anweisungen zur Vorbereitung eines eingestellten Jagens für den König gab. 1849 war Wallmann laut Adressbuch der Königlichen Haupt- und Residenzstadt Hannover in Nebenfunktion Oberaufseher des Sauparks bei Hallerbruch. Wallmann wurde zwischen dem 1. August 1868 und 1. April 1869 pensioniert. Er starb am 13. Januar 1874 in Hannover und wurde am 16. Januar 1874 auf dem Friedhof Strangriede zur letzten Ruhe gebettet. Er hinterließ eine ein Jahr jüngere Frau, Hardewieke Wilhelmine Charlotte, geborene Schmidt, die er am 4. Oktober 1822 in Wense bei Dorfmark geheiratet hatte, und zwei Söhne. Sein Sohn Ferdinand (1826-1921), später Oberförster und Königlicher Forstmeister in der Göhrde, begann seine berufliche Karriere als Gehegereuter und Hof-Büchsenspanner. Sein 1828 geborener Sohn Karl (1828-1894) wurde Revierförster und wohnte 1866 im Haus Klagesmarkt 16.[141]

Quellenexegese (4):

Er dachte stets an den Lebensunterhalt seiner Tochter Dorette:

Oberwildmeister Albrecht Toppius

Der Oberwildmeister Albrecht Toppius starb am 20. Mai 1846 auf dem hannoverschen Jägerhof. Er war bereits Witwer und hinterließ einen Sohn, der inzwischen selbst Federschütz war, und eine Tochter, die ohne Gnadenbewilligungen ihren Lebensunterhalt nun nicht mehr bestreiten konnte.

Nachdem am 23. Mai 1830 der Oberwildmeister Christoph Friedrich Knop im Alter von 75 Jahren gestorben war, rückte der Hofjäger Albrecht Toppius nach 30 Dienstjahren am Jägerhof zu Hannover auf.

Das Königliche Oberjagddepartement in Hannover stellte dem Verstorbenen am 6. Juni 1846 ein hervorragendes Zeugnis aus:

Derselbe hat länger als 53 Jahre treu gedient, und war mit unter den Ersten, welche im Jahre 1813 die Waffen ergriffen. Es haben seine Dienste als Officier im freiwilligen Jägercorps, nachgehends unter den Linientruppen stets Anerkennung gefunden. Auch als Jagdbediener waren seine Leistungen untadelhaft, und glaube ich in der letzteren Zeit seine geringeren Leistungen auf den Jagden selbst um so eher übersehen zu können, als wirklich nur körperliche Schwäche in Folge früherer Anstrengungen die Ursache seines Zurückbleibens war.

Unter diesen Umständen fühle ich mich gedrungen die hülflose Lage der Tochter des Oberwildmeisters Toppius in alter Unterthänigkeit vorzustellen ...

Die Rede war von Dorette Toppius, selbst nicht mehr die Jüngste und laut Adressbuch der Königlichen Haupt- und Residenzstadt Hannover von 1866 im Haus Hainhölzerstraße 43, Parterre, wohnhaft, deren Einkommen zu sichern ein besonderes Anliegen des verstorbenen Oberwildmeisters gewesen war. Stets hatte er auf eine Leibrente hingearbeitet, die nun gnadenquartalsweise immer wieder aufs Neue beantragt werden musste.

Die Zahlung erfolgte aus der Königlichen Kron-Kasse. Am 30. Mai 1846 wurde das Gnadenquartal von der Besoldung des Verstorbenen zu 626 Reichstaler 22 Gutegroschen 8 Pfennige Courant, vom 1. Juli bis Ende September 1846 in Höhe von 156 Reichstalern 17 Gutegroschen 8 Pfennigen an die Kinder des verstorbenen Oberwildmeisters, Federschütz Albrecht Toppius jun. zu Dille, Amts Bruchhausen, und die unverehelichte Dorette Toppius in Hannover, zur Zahlung angewiesen.[142]

Albrecht Toppius, Ritter des Guelphenordens 4. Klasse, starb laut dem „Neuen Nekrolog der Deutschen" am 20. Mai 1846 in Linden bei Hannover.[143]

Quellenexegese (5):

Er war ein Mann von bestem Rufe:

Oberwildmeister Christoph Friedrich Knop

Christoph Friedrich Knop, auch bekannt unter dem Namen „Kapitän Knop" (durch seine Mitwirkung im Kielmannsegge'schen Jägerkorps), wurde am 23. Februar 1755 in Bad Salzdetfurth geboren. Der „Windehetzer" auf den kurfürstlichen Jägerhöfen hatte mit Winden (Windhunden) auf Schwarzwildjagd zu gehen. In Sachsen verfügte er über Winde, acht Steuber (Stöberhunde) und drei Pferde.

Eine Laudatio auf seine Person findet sich in der „Allgemeinen Forst- und Jagd-Zeitung", 24. April 1832, S. 196:

(452) Christoph Friedrich Knop,

Oberwildmeister, Ritter des königl. Hannov. Guelphenordens
und Inhaber d. Hanseat. Ehrenmedaille, in Hannover;
geb. im J. 1755, gest. d. 23. Mai 1830

Salzdetfurth, bei Hildesheim, ist der Geburtsort des Verewigten. Sein Vater, in Privatdiensten Förster und Vater von 15 Kindern, konnte ihm nur eine dürftige Erziehung geben, aber wenige Menschen bewährten in dem Grade, wie er, ihr ganzes Leben hindurch so einen festen Charakter. Weil er den Ruf feiner Sitten und eines tüchtigen Schützen hatte, so wurde er 1779 als kurfürstl. Jäger zu Gamsen, bei Gifhorn, angestellt. Er kannte jeden Winkel in dem ihm angewiesenen und den angrenzenden Bezirken, wurde niemals von einem Vorgesetzten getadelt und erwarb sich seltene Kenntnisse über Forstwesen, Ackerbau, Gartenkultur und Naturgeschichte, aber nichts aus Büchern, sondern alles aus eigenen Beobachtungen. In müßigen Stunden trieb er Linnen- und Garnhandel, und was er dadurch gewann, vertheilte er an dürftige Verwandte. Der Oberjägermeister v. Beaulieu verschaffte ihm 1799 den Charakter eines Windehetzers, und 1801 die Stelle eines wirklichen Windehetzers, ohne daß er darum nachsuchte. Dies war die zweite Stelle auf dem Jägerhofe zu Hannover. Dennoch dirigirte er die ganze kurfürstl. Jagd. Als 1803 die Patrioten und die Armee sich rüsteten, um wider Frankreich ins Feld zu rücken, erhielt er das Kommando einer Kompagnie Jäger, und sah ungern, daß ihm die Convention vom 3. Juni die Gelegenheit versagte, seinen Muth zu beweisen. Kummervoll ertrug er als ächter Vaterlandsfreund alle Leiden seines Vaterlandes unter Napoleons Herrschaft, und verpflegte als treuer Verehrer seinen Gönner, den Oberjägermeister v. Beaulieu, welcher 1808 im Nov. starb. Der damalige Domänenverwalter D'Aubignose, dem er viel Wild lieferte, wurde nun sein Gönner. Uebrigens wurde auch fortan für den Unterhalt der Jagdbeamten gesorgt, und zwar in Folge der Gunst, welche K. durch seine Rechtlichkeit bei den franz. Beamten fand. Der dem Verewigten 1819 anheimgestellte Eintritt in westphälische Dienste war ihm zwar zuwider, jedoch um der Jägerei Dienste leisten zu können, ließ er sich demungeachtet in Kassel als Jagdinspector anstellen. Als 1812 dem Vaterlande neue Hoffnungen erschienen, nahm er Theil an dem großen Kampfe und wurde Kapitän im gräfl. Kielmannseggschen Jägerkorps. Ihm folgten mehrere Jäger aus Kassel. Als der Herzog v. Cambridge mit dem Grafen v. Münster nach Hannover kam, erhielt er 1814 seine Entlassung und kehrte in seine Amtswohnung auf dem Jägerhofe zurück. Im J. 1816 wurde er Oberwildmeister. Ihn beschäftigte besonders der neue Thiergarten zu Kirchrode, der Wildstand, die Forstkultur, die Mergelung der Wiesen, die Erlichtung der neuen Befriedigung, wobei er sein Denken und seinen Fleiß bewährte und jeden Sonntag alle Arbeiten in Augenschein nahm. Der Hamburger Senat ehrte den Verewigten durch Ertheilung der hanseatischen Ehrenmedaille, und der König Georg IV. dadurch, daß er ihm 1826 den Guelphenorden verlieh. Sein 50jähriges Amtsjubiläum wurde im J. 1829 sehr feierlich begangen. — K. pflegte wenig zu sprechen, was er aber sprach, war überdacht und richtig. Er besaß seltene Kenntnisse und das redlichste Herz; nie sprach er eine Schmeichelei aus und seinem Worte konnte man trauen. Er lebte eingezogen und vermied Zerstreuung, war stets mit etwas Nützlichem beschäftigt und in einer erwählten Gesellschaft sehr heiter; ein strenger Oekonom, aber nicht geizig. Er lieh Geld aus und oft beträchtlich, ohne Zinsen zu verlangen. Viel Geld verwendete er an den Garten hinter seinem Hause und bebaute ihn sehr sorgfältig. Die schönen Früchte verschenkte er und sammelte aus alter Liebhaberei viel Linnen und Drell, das er nicht bedurfte, da er nur einen Diener unterhielt. Alle Dienstpflichten erfüllte er sehr treu, war ein trefflicher Waidmann und Rechnungsführer, verlangte aber auch Treue und Gehorsam von den Untergebenen, denen er gern diente. Er hatte nie einen Feind.

Allgemeine Forst- und Jagd-Zeitung, 24. April 1832, S. 196

Cellesche Zeitung vom 7. Dezember 1907. Digitale Sammlung Blazek

Quellenexegese (6):

Außer vielen Hirschen eben auch Wölfe:

Wildbret im Fürstentum Lüneburg

Schon vor dieser Schlacht [16. September 1813] war die Göhrde weit bekannt und berühmt als das durch viele Jahrhunderte besonders gepflegte Jagdgebiet der Kurfürsten und Könige von Hannover. Sie hat eine Epoche unerhörten Glanzes erlebt, um die Wende vom 17. zum 18. Jahrhundert, zur Zeit des Barock, als die großen Fürstenhöfe Europas einander überboten an Reichtum und Pracht.

Jagdliches aus der Göhrde, Forstarchiv, Band 12, Verlag M. & H. Schaper, Hannover 1936, S. 192

Eine Hofjagd in der Göhrde. Originalzeichnung von Ludwig Beckmann, 1890. Repro: Blazek

In vielen Büchern wurde die hohe Abschusszahl von Wölfen im Fürstentum Lüneburg unmittelbar nach Ende des Dreißigjährigen Krieges mitgeteilt. Dass diesen Angaben Archivalien zugrunde liegen, wird kaum noch angegeben.

Eine Person ist bisher tief in die kurhannoversche Jagdregistratur eingetaucht, und zwar der aus militärischen Diensten als Generalmajor verabschiedete Oberforstmeister des Departements Hildesheim Carl von Beaulieu-Marconnay (1777-1855). Er trat, wie es in seiner Familie bereits Tradition war, mit 18 Jahren in den Forstdienst, wurde 1803 Forstmeister unter Oberforstmeister Ferdinand von Malortie (1771-1847) mit Amtssitz Misburg und heiratete am 18. April 1804 die frisch geschiedene Henriette Gräfin von Egloffstein (1773-1864). Er wurde 1810 amtsenthoben und stand 1813 an der Spitze freiwilliger Jäger, er „war bei Errichtung mehrer Corps im Freiheitskriege von 1813 sehr thätig". 1816 wurde von Beaulieu-Marconnay hannoverscher Oberforstmeister in dem für den neuen Landesteil Hildesheim einrichteten Oberforstamt, 1818 wurde ihm wegen seiner

Verdienste in den Befreiungskriegen gegen Napoleon auf Lebenszeit das Klostergut Marienrode zur Nutzung zugesprochen (wo er 1855 starb). Im November 1845 feierte er sein 50-jähriges Dienstjubiläum und wurde zum Ehrenbürger der Stadt Hildesheim ernannt.

Grabstein des Generalleutnants und Oberforstmeisters Carl von Beaulieu-Marconnay auf dem Marienfriedhof in Hildesheim. Foto: F. Hoffmann, 2011

Seinen Beitrag verfasste er, als er noch ein junger Forstjunker von 25 Jahren war. Dass er für diese Aktenrecherche prädestiniert war, ist aus dem Folgenden gut zu ersehen:

IX.
Beitrag zur Jagdchronik des 17ten Jahrhunderts.

Die ältesten Nachrichten, welche sich in der Churhannöverischen Jagd=Registratur finden, gehen bis zum Jahr 1648 hinauf, und da die guten Alten bekanntlich noch wenig von der Schreibseeligkeit unsers Zeitalters besaßen, so sind auch diese zum Theil sehr unvollständig. Größtentheils sind sie nur aus dem Fürstenthum Lüneburg (oder Celle) entnommen, welches damals in Verbindung mit dem jetzigen Fürstenthum Grubenhagen und einem Theil der Grafschaften Hoya und Diepholz zum Erbtheil des Herzogs Christian Ludwig gehörte.

Wie sehr aber seit diesen anderthalb Jahrhunderten der Zustand der Wildbahnen und besonders der darin hausenden Raubthiere in unserm deutschen Vaterlande sich verändert hat, davon geben auch diese Verzeichnisse sehr auffallende Beweise.

Denn wer sollte in unsern Tagen glauben, daß in dem einzigen Fürstenthum Lüneburg – hundert und zwei und achtzig, Wölfe in Einem Jahre erlegt worden sind! und doch verhält sich dies wirklich so, wenn wir anders diesen alten Zeugnissen nicht alle Authencität absprechen wollen, wozu sich aber nicht die geringste Veranlassung zeiget; denn sie tragen, so sehr als irgend eine andere Schrift aus jenen Zeiten, das Gepräge einer vollkommenen Glaubwürdigkeit an sich.

Das Wildpret=Verzeichniß dieses furchtbaren Jahren (von Michaelis 1649 bis 1650) findet sich einzeln folgendergestalt aufgeführt:
„Den 23ten January 1649 ein Jagen uffm Wiebeck gehalten, gefangen
5 alte Wölffe.
Den 1ten February ein Jagen im Iger gehalten, darinn gefangen
5 Füchße.
Den 16. Febr. ein Jagen im Harpshorn gehalten, darinn gefangen
9 alte Wölffe
22 Füchße.
Den 19. Febr. haben Seine Fürstliche Gnaden ein Jagen gehalten im Hagenbruch, darinn gefangen
20 Füchße.
Den 23. Febr. Ein Jagen uffm Ederßen=Höpen gehalten, darinn gefangen
3 alte Wölffe
4 Füchße.
Den 24ten Martij ist von Barchfeldt eingebracht
1 alter Wolff,
welchen die Bauren in selbigem Dorff todtgeschlagen.
Den 20ten Juny hat der Jägerjung Nickoll Schuester bey Alten=Zell geschoßen
1 alten Wolff.
Den 3ten July aus der Voigtey Bissendorff eingebracht
1 alter Wolff,
welchen ein Bauer geschoßen."
u. s. w.
Der ganze Ertrag an Wölfen und Füchsen beläuft sich auf
  58   alte   }
  124 junge   Wölfe
  182
  100 Füchse.
Uebrigens sind noch aufgeführt:
  55   Stück Rothwildpret,
  107 Rehe,
  210 Stück Schwarzwildpret,
  137 Hasen
Diese vorstehende für jene Zeiten anscheinend geringe Ausbeute an eigentlichem Wildpret, die wir zum Theil noch jetzt zu den nicht besonders ergiebigen rechnen würden, läßt sich jedoch wohl leicht dadurch erklären: daß theils nicht alles genau aufgezeichnet worden, vorzüglich aber auch, daß außer jener Legion von vierbeinigten Würgern der eben beendigte dreißigjährige Krieg der Wildbahn nicht minder argen Abbruch gethan haben mochte, da man hingegen den versteckteren und schlauern Raubthieren in den damals noch so waldigten und theils undurchdringlichen Gegenden mit Erfolg nicht viel anhaben konnte. Auch dem Schwarzwildpret scheint dies zu statten gekommen zu seyn, *) welches aber auch überdem nicht so leicht, wie das übrige Wild, ein Raub der Wölfe wird, da man sogar Beispiele kennt, daß Ein Keiler mehrere Wölfe in Respekt gehalten hat. *)

*) Noch vor 30–40 Jahren waren jedoch die Saujagden im hiesigen Lande eben so ergiebig. Wie sich unsere ältern Jäger noch wohl erinnern, wurden damals oft in Einem Tage in den vorgerichteten Kesseljagen 100–120 Stück erlegt. Jetzt freilich bringen meistens sämtliche Streifjagden im ganzen Lande kaum so viel auf. Der Winter von 1799–1800 war indessen sehr glücklich, hauptsächlich weil die Königliche Jägerei gerade bei'm scharfen Frost die großen sonst unzugangbaren Brucher und Moore im Cellischen abjagen konnte. Der letzte Winter war um so weniger ergiebig.

*) Einer unserer Veteranen unter den vaterländischen ächten Weidmännern, der jetzige Oberförster Hr. Schuster zu Linsburg, welcher lange Jahre auf dem Königlichen Jägerhofe zu Hannover mit ausgezeichnetem Ruhm gedient hat, erzählte mir noch kürzlich: sein Vater wäre am Harz Augenzeuge gewesen, daß, als man daselbst, um sich einiger Wölfe lebendig zu bemächtigen, einen Wolfsgarten vorgerichtet, man derselben nicht eher hätte habhaft werden können, bis man eine starke Sau, die sich täglich auf der Körrung eingefunden, zuvor gefangen habe. Diese habe sich nemlich bei der Ankunft jener Gäste immer vor den Eingang gestellt, und sie jedes Mal so weidlich abgeschlagen, daß sich keine über die Schwelle gewagt. Erst da diese Sau gefangen war, bekam man auch die Wölfe.

Auch in den nächstfolgenden Jahren überstieg die Anzahl der erlegten Wölfe fast jedes Mal das Hundert. **)

**) Von 1651–52 zum Beispiel, 85 alte (worunter eine Wölfin mit 11 Jungen) und 60 junge Wölfe.

In den Annalen unsrer vaterländischen Jagd=Geschichte zeichnen sich die Jahre 1657 und 58 ganz besonders aus.

In diesen beiden merkwürdigen Jahren lieferte die Wildbahn Roth= und Schwarzwildpret von so seltener Stärke, daß es fast an das Unglaubliche gränzt; wenigstens wüßte ich nicht, wo wir jetzt etwas ähnliches aufzuweisen hätten. Auch scheinen unsre Vorfahren dies selbst sehr wohl beherziget zu haben, den mit recht gewissenhafter Treue – wofür ich ihnen hiermit den wärmsten Dank sage – haben sie uns die Beschreibung jener Giganten unter dem Wildpret, wenigstens zur Erinnerung an das, was es einst war, und zum Beweis was es werden kann, wie folgt, hinterlassen:

„Den 28sten Oktobr. (1657) Seiendt S. F. G. von Bodenteich ab im Lüderbruch streiffen gezogen, und haben daselbst gefangen

3 Hauptschwein,

welche alle drey gewogen alß:

das erste hat gewogen – 530 Pfund und ist aufm Rücken und Brust feist gewesen 2 Zoll 8 Linien und 1 Zoll 9 Linien hoch.

Das zweyte hat gewogen – 420 Pfund und ist aufm Rücken feist gewesen 2 Zoll 4 Linien hoch.

Das dritte hat gewogen – 300 Pfund."

u. s. w.

„Den 25ten Novembris hat mein gn. Fürst und Herr von Rebberlahe ab ein Jagendt auf den Hasell über den Kreyenhoff an den Streitwegen gehalten, und daselbst aufm Lauf gefangen

6 Hauptschwein,

welche gewogen:

Eines – – 456 Pf.

und ist aufm Rücken und Brust feist gewesen 2 Zoll 11 Linien und 1 Zoll 9 Linien hoch.

1 hat gewogen – 399 Pf.

1 - - -   360½ Pf.
1 - - -   357 Pf.
1 - - -   313½ Pf.
1 - - -   257½ Pf.
2 angehende Schweine.
7 Keiler.
9 Bachen, davon die größeste gewogen 342 Pf. und ist aufm Rücken und Brust feist gewesen 2 Zoll 11 Linien und 2 Zoll hoch.
30 Fröschling" u. s. w.
„Den 25ten Augusti 1658. hat mein gnädigster Fürst und Herr nebst Dero Herzliebsten Gemahlinn *) vom Hellmerkampf ab ein Jagendt im Forste am Harzhorn gehalten, und daselbst auf dem Lauf gefangen
2 Wölffe
11 Hirsche, davon 1 von 16 Enden hat gewogen – 638 Pf. und ist auf dem Zemmel feist gewesen 2 Zoll 6 Linien hoch.

*) Ruhm und Segen deinem Andenken, du edle Priesterin Dianens, die du Muth genug besaßest, dich, gleich dem stärkeren Geschlecht, auch gegen die rüstigern und gefährlichern Bewohner des Waldes in die Schranken zu wagen, und sogar, wie meine Urkunde bezeuget – hört es, ihr Schönen des Tages und staunet! – oft allein, nur von wenigen Jägern begleitet, streiffend gegen dieselben zu ziehen!!

Den 7ten Septembr. hat mein gn. Fürst und Herr vom Fuhrberge ab mit dem Hirsch=Lappen im Fuhrenkampff im Weitzenbruch gestellet, und daselbsten geschossen
1 Hirsch von 14 Enden, so gewogen – 452 Pf. und ist aufm Zemmel feist gewesen 2 Zoll 6 Linien hoch.
1 Hirsch von 10 Enden, hat gewogen 608 Pf. und ist aufm Zemmel und Brust feist gewesen 2 Zoll 5 Linien und 1 Zoll 5 Linien hoch. *)

*) Am allersehnlichsten unter den mir bekannten Beispielen aber ist die Starke eines Hirsches gewesen, welcher in den ersten Jahren des vorigen Jahrhunderts auf dem Langelinger Holze bei dem sogenannten Hundestärtsfört nicht weit von Celle geschossen worden ist, und dessen wirklich kolossalisches höchst merkwürdiges Conterfey sich noch findet. Angeblich soll er 706 Pf. gewogen und fast 4 Zoll Feist gehabt haben.

Je geringer übrigens die Ausbeute an Wölfen schon in diesem letzten Jahre (1658) gewesen ist **),

**) Jetzt wissen wir so wenig mehr, als das übrige Deutschland, von irgend einer Spur dieser damals als, hier einheimischen Ungeheuer. Nur aus benachbarten Ländern streift selten ein Wolf noch herüber, dessen Existenz aber dann gewöhnlich nur von kurzer Dauer ist. In den letzten 10 Jahren wurden jedoch noch drei erlegt.
Der eine wurde eine Viertelstunde von Celle, von einer Schießhütte aus, durch den Jägerburschen des damaligen dortigen Revierförsters Speckmann spät am Abend für einen großen Hund geschossen. Welch Erstaunen als jener am andern Morgen hingeht, um den vermeintlichen Hund zu begraben, und einen Wolf findet, von dessen Daseyn man vorher noch gar nicht gewußt hatte!
Den zweiten bekam vor einigen Jahren der jetzige Windehetzer Knop, im Amte Giffhorn, und der letzte ward nach vielen vergeblichen Versuchen, desselben habhaft zu werden, und nachdem er das Land fast in allen Richtungen und mit unglaublicher Geschwindigkeit durchkreuzt, auch aller Orten sehr blutige Spuren hinterlassen hatte, durch den Oberförster Bodecker im Amte Wiesen an der Luhne (sic!) am 1. Sept. 1798 erlegt.
Als Prämie zahlt jedesmal die Königl. Kammer für einen gelieferten Wolf 50 Reichsthlr. in sogenannter Kassenmünze.

desto ansehnlicher stieg die Anzahl des erlegten Wildprets, wovon sich folgendes Verzeichniß findet:

    1 Luchß.
  18 alte Wölfe.
    9 Wölfinnen.
  60 junge Wölfe.
  83 Hirsche.
  22 Wildt.
    4 Hirschkälber.
  12 Wildtkälber.
  64 Haupt Schweine.
  13 angehende Schweine.
  60 Keiler.
144 Bachen.
199 Fröschling.
174 Reheböcke.
164 Rehe.
    5 Rehekälber.
363 Hasen.
162 Füchse.
    2 Katzen.

Vom Freiherr Carl v. Beaulieu,
Königl. Großbritannischen und Chur=
hannöverischen Forstjunker.

Szene von Ludwig Beckmann aus: Die Gartenlaube, Ernst Keil's Nachfolger, Leipzig 1884.

Quellenexegese (7):

Die Ereignisse vom Dümmer See 1733:

Wolfsjagden und Charakter von Landfolgen

Amtsassessor Otto Heise in Diepenau, später Amtmann in Burgwedel, lieferte in der Zeitschrift des Historischen Vereins für Niedersachsen 1851 „Geschichtliches aus dem Amte Lemförde" zu Tage. Dabei befasste er sich auch mit den Wolfsjagden in der Grafschaft Diepholz. Die von ihm genutzten Archivalien befinden sich noch heute im Niedersächsischen Landesarchiv, Hauptstaatsarchiv Hannover.

Wolfsjagden. Charakter der Landfolgen.

Daß die hiesige Gegend lange eine Art Wildheit behalten hat, beweisen außer den vielen früher erwähnten thätlichen Streitigkeiten über das Bruch, die Gränzen und den Dümmersee auch die zahlreichen Wolfsjagden, die sich bis in das vorige Jahrhundert erhalten haben. Nach dem dreißigjährigen Kriege war den Einwohnern der Grafschaft Diepholz verboten, die Wolfsjagden selbst abzuhalten, weil dabei zu viele Rehe getödtet sein sollten. Im Jahre 1655 bitten sie nun den Herzog Christian Ludwig zu Celle, ihnen die Jagden wieder gestatten zu wollen, da ihnen die Wölfe im Sommer jenes Jahres schon für 1000 Rthlr. Vieh getödtet hätten. Das für jene Zeit sehr bezeichnende Gesuch lautet: „Ew. Hochfürstl. Gnaden (werden) sich gnädig erinnern, welcher gestalt wir sambtliche Eingeseßene in Ew. Hochfürstl. Gn. Graffschafft Diepholz von Alters her zwar hergebracht, daß, wenn wir wegen der Wölffe schaden gelitten und Dero Beambte hieselbst uns desfalls beklaget, sie sich mit Uns zusammengethan und eine Wolffsjagd angestellet. Alß aber angegeben, ob wehren unter solcher jagt einsmahls einige rehe mit gesellet worden, Unß sothanes Jagen verbotten, auch durch den Oberförster Christian Sander zur Hoya Unß die gahren, so theils auß Unsern einigen Mitteln bezahlet, abgenommen und denselben darbei anbefohlen worden, daß er hinführo sothane jachte bei Uns thun und verrichten sollte. Wann aber Unß Leuten, bevorab Unß auf den Reithoffen, doppelt und mehr Unkosten wie vorhin gemachet, aber dagegen mit Vertreibung und außrottung des Unthiers Uns wenig geholffen wirbt, weiln besagter Oberförster im Ambte Hoya desfalls genugsahmb zu verrichten hat undt bei Unß dahero wenig und, wanns geschiehet, nicht ohne große Unkosten die Wolffesjagt anstellen kann, daß also das Unthier bei Uns dermaßen zunimbt, daß Uns Leuten, weilen bei Unß ein raumer wüster orth und die weide weit abgelegen und dahero das große Vieh den Abend nicht eingetrieben werden kann, sondern daraußen verbleiben muß, diesen sommer leider über Tausendt und mehr Thaler schaden an Pferden, Kühe und andern Viehe von Wolffe geschehen ist, daß wir dadurch in nicht geringen schaden unserer Nahrung gesetzt, auch Ew. Hochfürstl. Gnaden, alß Dero wir den fleischzehenden entrichten müßen, nicht geringer nachtheill zugezogen wirdt."

„Wie dann auch wir armen Leute, die wir bereits durch die uff gnädigen consens in denen verlebten schweren Kriegswesen nohtringlich gemachten schweren Schulden und desfalls in endtrichtung der jährlichen Zinse, auch anderer

onerum publicorum für andern Aembdern beladen sehn und noch darzu mehr, denn unsre Benachbarte, schwere contribution abtragen müßen, also daß viele von Unß ausgewichen und ihr Brodt in Westphalen und andern umbliegenden örtern suchen, die aber, dafern wir solcher onerum einige moderation erhalten, sich ohne Zweifell wieder anfinden l) und uns zu Hülffe kommen werden" u. s. w. Die Bitte geht dann auf Wiedergestattung der Wolfsjagd und Ermäßigung der Contribution. Der Herzog trug aber doch Bedenken, den Gemeinden allein die Verrichtung der Wolfsjagd wieder zu gestatten. Indeß wurde der Oberförster angewiesen: „sothane Wolffeßjagden nottürftiger Maßen ohne der Unterthanen sonderbahre Beschwerung zu verrichten."

1) Dieses hat erst jetzt ganz aufgehört.

Es wurden dann öfter Wolfsjagden gehalten, zuweilen mehrere in einem Jahre, wobei sich ein und mehrere Wölfe sehen ließen. Die Bauerschaften muhten treiben, und es finden sich hohe Strafen für die, welche nicht ordentlich trieben, z. B. „Poen, der den Wulff versiehet und aus Unachtsamkeit durchlaufen läßt, 3 Rthlr." Es findet sich ferner ein Regulativ vom Jahre 1735, worin festgesetzt ist, wo sich die Bauerschaften aufzustellen und wie die Rottmeister sie zu führen haben l): „4. Wann solchergestalt die Abstellung geschehen, die Netze gestellt und der Kreyß von der Jagt geschloßen worden, welches durch Rührung der trummel an demjenigen Orte kundgethan werden müßte, wo die Diepholzische und Lemfördische Unterthanen an einander stoßen, alsdan müste gantz langsahm, ohne großen Lerm und Trummelschlag, zusammen getrieben, vorhehro aber bei 5 Rthlr. Straffe verbohten werden nach keinen Fuchs oder Hasen, sondern nur lediglich nach einen Wolffe zu schießen. 5. Wann nun von dem Sehte, denen Brockumer Tannen, Tilmannshorsten bis an die Wagenfeldschen Tannen, wo die Netze stehen, zusammengetrieben und durch den Kreyß besagte Wagenfeldsche Tannen umzingelt und beschloßen worden, sodann müste der gantze Kreyß stille und woll geschloßen stehen und müßen 4 Tambours austreten, welche in itzerwehnten Tannen hin und hehr auf und nieder trommelen und denen sich angestelleten Schützen den Wolff dadurch zu schuße treiben, wann gleich 6. ein Wolff im Gesichte der Unterthanen etwa geschoßen würde, müsten dieselben dennoch keinen Zulaufs machen, wie die vorigen Mahle geschehen, sondern in ihren Kreyß fest und stille stehen und keine öffnung geben, biß daß von denen ihnen angewiesenen Führern und vorgesetzten Unter=Amts=Bedienten ihnen angezeiget, daß sie näher antreiben sollen oder die Jagd gantz aufgegeben, damit wenn mehr als ein Wolff im Jagen sich solte befinden, keiner von denenselben so dann echappiren könne. Insonderheit würde dadurch auch precaviret zc. 7. Diejenige, welche gut mit Schiesgewehr umzugehen wißen und sich im Holtze mit anstellen wollen, müßen sich nicht allein hineinschleichen, sondern bey denen zugegen sehenden Oberhaubtmann und Beamten melden, da sie dann in einer graben Linie angestellet werden sollen und zwahr so, daß ein jeder seinen Nachbahren zu beeden Seiten im Gesichte haben könne und also für aller Gefahr desto beßer gesichert seyn möge. 8. Diejene 4 Tambours, deren Nro. 5 gedacht, müßen sich gleichfalls bei dem Garn forne auffhalten und daselbst ordre erwarten, wann sie mit der Trummel in das Holtz gehen und Lerm machen sollen."

1) Das ganze Amt Diepholz und Lemförde wurde aufgeboten, und das preußische Amt Rahden stellte sich meist an der Gränze auf.

War der Wolf erlegt, so wurde er im „Triumph" nach Diepholz oder Lemförde geführt und dort öffentlich aufgehangen. Im Jahre 1733 entstand hierüber ein großer Streit zwischen dem Amte Lemförde und dem Forstmeister Schultze in Diepholz. Dieser behauptete nämlich, ihm sei die Wolfsjagd zu spät angesagt und nachher sei der Wolf in Lemförde aufgehangen, ihm aber vom Amtmann zu seiner „Schimpfirung" das Luder zugesandt 1), obgleich der Balg Accidenz der Jägerei sei. Der Amtmann Strube berichtet dagegen an Kurfürstl. Cammer, es würde eine Mißstimmung entstehen, wenn man nicht auch in Lemförde die Beute aufhienge, entschuldigt das Benehmen des Amtes und behauptet dem Forstmeister nur die Zähne und das harte Eingeweide hingeschickt zu haben. Die Cammer scheint darauf den frühern Gebrauch bestätigt zu haben.

1) Der Oberforst- und Jägermeister schreibt an den Forstmeister: „Das gemeldete hätte der Hr. Forstmeister dem impertinenten Kerll wieder zu schicken und den botten mit einer Dracht Schläge demselben zur wieder Begrüßung zurückschicken." Der Amtmann Strube ließ sich aber nicht bange machen.

Die Freien waren zufolge Privilegs vom Jahre 1661 von der Wolfsjagd befreit. Sie scheinen sich aber freiwillig gestellt zu haben, denn eine Notiz besagt: „Hierauff ist den 10. May die Wolffesjagdt angestellet und der Wolff gefangen worden, wobey zur Nachricht dienet, daß die in hiesigen Flecken wohnende Freye, alß die Frau Majorin v. Mey, Frau Lieutenantin Stolting und Frau Ambtmannin Cordemann bey dieser Jagd erschienen sind. Der Wolff ist bei St. Hülfe auffgehangen."

Uebrigens scheint die Jagd damals überall besser gewesen zu sein, denn nach einem Art Jagdregister sind bei einer Klapperjagd in der Tielmannshorst am 21. Januar 1746 = 87 Hasen und 25 Füchse erlegt.

Archiv des historischen Vereins für Niedersachsen, Neue Folge, hrsg. unter Leitung des Vereins-Ausschusses, Hahn'sche Hofbuchhandlung, Hannover 1851, S. 102-106

"Die Heide"

Der letzte Wolf bei Walsrode.
(Zu unserem Kartenbild.)

Im freiherrlichen Schlosse zu Kettenburg befindet sich eine fein ausgeführte Zeichnung, die den Jagdvorgang beim Erlegen des letzten Wolfes im Amte Fallingbostel darstellt. Unsere Abbildung ist eine verkleinerte Wiedergabe jener Zeichnung. Letztere ist angefertigt von dem noch heute in der Walsroder Gegend volkstümlichen Förster und Leutnant a. D. Ruschenbusch, der 1877 in Walsrode im 91. Lebensjahre starb. Im Hotel Krumwieh zur Stadt Hannover in Walsrode ist sein Bild zu sehen.

Das auf Ruschenbuschs Zeichnung abgebildete Jagdgelände befindet sich nordwestlich von Walsrode, westlich von „Dreikronen". Da die Erklärung auf unserm Bilde nicht lesbar ist, sei sie hier wiederholt:

Erklärung:
„A bezeichnet die Stelle, wo der Wolf in das Bleckgehäge getrabt ist. B die Schützenlinie. C die Stellung der Treiber. D die Stelle, wo Er durchbrechen wollte, als das Treiben noch nicht angegangen war, aber von den dort angestellten Treibern wieder zurückgejagt wurde. E wo Er aus dem Bleckgehäge getrieben wurde und sich der Schützenlinie näherte, alsdann aber verwundet und unter fortwährendem Schießen wieder bis zu F zurückflüchtete. F wo Er endlich verendete und wo jetzt ein Denkmal errichtet worden ist."

Auf dem Denkstein, der heute noch zu sehen ist, steht das Datum 17. Sept. 1822, als der Tag dieser letzten Wolfsjagd verzeichnet. Die Zeichnung trägt das Datum „Monat August 1844", und die Unterschrift: F. C. Ruschenbusch, Lieut. Diese Schriften sind so fein geschrieben, daß sie mit dem bloßen Augen kaum lesbar sind. Ruschenbusch war damals 58 Jahre alt. Wahrscheinlich ist die Zeichnung anläßlich der Denksteinerrichtung angefertigt.

Jedenfalls war das Auftauchen eines Wolfes um jene Zeit für Jäger und sonstige Bevölkerung eine Sensation. 1769 hat man den letzten bei Schneverdingen gesehen und 1780 den letzten bei Sottrum.

Ruschenbusch war eine allbekannte und beliebte Persönlichkeit. Er stammte aus dem hannov. Bergland (?) und hatte sich eine Aussprache halb hochdeutsch, halb Heidjerplatt und dazwischen mal wieder ein paar Harzer Brocken, zurechtgelegt, die auf die Einheimischen manchmal recht komisch wirkte. Er galt als ein Original. Friedrich Grütter, der Dichter, Geschichtschreiber und Bürgermeister zu Walsrode hat ihm in seinem Buche „Allerlei Leute" 1878, durch die Wiedergabe einiger Anekdoten ein Denkmal gesetzt. Eine von diesen Geschichten sei hier wiedergegeben: „Eines Tages traf der Förster einen Wilddieb Conrad zum Hofe beim Ausweiden eines Rehes. „Süh Cunrad", rief der Alte, „da hew ik di mal wedder; dat Reh lat man liggen, datt krigste nich mit". Jener aber erklärte: „Ne, Herr Förster, den Bock nehme ich doch mit, dat geit nich anners!". „Kerl", rief der Förster, indem er nach seiner Flinte griff, „laß ihn liegen!" Conrad zum Hofe griff ebenfalls nach seiner Waffe und rief: „Na, Herr Förster, ick hew't ok keene Arßken in!" „Den Deubel auch, ich glaube, du verdammter Kerl wärst im Stande, auf mich zu schießen!" Besänftigend fügte er dann hinzu: „Hör mal, Cunrad, et ist eigentlich Schade um Di, datt Du so willdeeben deihst. Du Kerl harst in Anstellung ann königlichen Jägerhofe verdeent oder so!" „Ja, Herr Förster", entgegnete Conrad, „dat wör woll so wat für mi. Wat glöwt je denn, wat scholl ick woll för'n Posten kriegen können?" „Ja, siehste Cunrad", sagte der Förster, „mit dem Jägerhofe ist das so'ne Sache, da ist augenblicklich nichts zu machen, aber weißt Du was, Du hast so'ne schöne Stimme, Du Kerl mußt Missionar werden.!" —

Uebrigens lebte schon um 1795 ein Ruschenbusch in Fulde, der Gogrefe, also Beamter dort war. Er wird genannt anläßlich des blutigen Streites, den Sieverdinger Bauern mit adeligen Reisenden aus Belgien hatten, weil die Extrapost, mit der sie befördert wurden, über die Felder gefahren war. Die Fremden hatten Anzeige beim Amtmann in Rethem erstattet, ein Knecht war blutig geschlagen und ein Pferd ausgespannt worden. Gogrefe Ruschenbusch hatte den Fall zu untersuchen. Die Reisenden waren der Baron de Copis gentilhome aus der Gegend von Lüttich nebst Familie und Schwager, dem Comte de Henisdael nebst Bedienten. War Leutnant und Förster Ruschenbusch ein Nachkomme des Gogrefen? Wer weiß Näheres darüber?

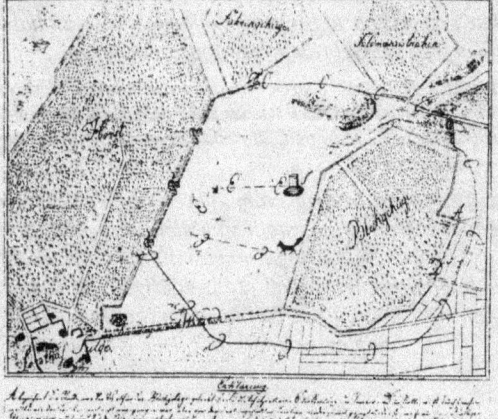

Darstellung der letzten Wolfsjagd bei Walsrode. 17. Sept. 1842.

Quellenexegese (8):

Der Erfolg vom 11. Januar 1851:

Götz v. Olenhusen berichtet über die Wolfsjagd in der Göhrde

Briefe.

Göhrde im Königreiche Hannover, den 21. Januar 1851.

(Wolfsjagd.)

Anfangs April 1850 zeigte sich zuerst in der Umgegend des Göhrder Waldes ein Wolf, welcher wahrscheinlich durch die Kälte des verflossenen Winters aus seiner Heimat vertrieben, über die zugefrorenen Flüsse seinen Weg bis hierher gefunden hatte. Die hiesige wenig bevölkerte, dagegen mit guten Wildständen und zahlreichen Schafheerden versehne Gegend mußte ihm besonders zugesagt haben, da er in den benachbarten Aemtern Hitzacker, Dannenberg, Lüchow, Oldenstadt, Medingen und Gartow Stand nahm, und nur zeitweise Excursionen in entferntere Gegenden machte. Lieblingsorte aber blieben ihm der hiesige und der Gartower Wildpark, welche etwa sechs Meilen von einander entfernt sind, denn selten verging eine Woche, in welcher nicht die dem Wald Unheil verkündende Fährte des Wolfes im Göhrder Walde gefunden wurde. Gesehen wurde er oft von Waldarbeitern und Schäfern, unter deren Augen er öfters Schafe raubte, welche er nach guter alter Art auf dem Rücken davontrug. Auch hatte ein junger Jäger des Gutes Göddenstedt im Amte Oldenstadt im Juni vorigen Jahres das Glück, daß ihm statt des erwarteten Rehbocks der Wolf anlief, welcher aber mit einem Streifschusse davonkam. — Mehrfache im Gartow'schen und hier nach dem Räuber angestellte größere Jagden blieben erfolglos.

Indessen wurde der Wolf immer kühner und der Schrecken der Umgegend. Die Eltern fürchteten für ihre die Schulen besuchenden Kinder, und selten sah man einen unbewaffneten Hirten. Kam der Wolf auch mehrere Male bäuerischen Jägern schußgerecht, so wagten diese doch nicht, auf ihn zu schießen.

So kam der Winter heran, und hoffnungsvoll sah die Jägerei dem ersten Schnee entgegen. Dieser fiel im November, und wurde der Wolf auch glücklich in einer ausgedehnten Kieferndickung des Göhrder Waldes eingekreist. Da jedoch nur wenige Treiber vorhanden waren und eingetretenes Thauwetter die mit thauendem Schnee bedeckte Dickung für Menschen fast undurchdringlich machte, so konnte der Wolf nicht vor die Schützen gebracht werden, und mußten diese bei zu frühem Einbrüche der Nacht bekümmert heimwärts ziehen. Nie ist wohl neuer Schneefall mehr ersehnt worden, als von der hiesigen Jägerei, da die Nachrichten von durch den Wolf verübten Räubereien sich stets mehrten und demselben ohne Spürschnee Nichts anzuhaben war. Für den Fall einer Neue war Verabredung getroffen, daß Jeder der hiesigen Forst- und Jagdofficianten einen bestimmten Distrikt des etwa 20,000 Kalenberger Morgen großen Waldes abspüren solle, und man sich an einer bestimmten Stelle treffen wolle.

Endlich am Morgen des 10. Januar erfreute des Jägers Auge ein Spürschnee. Aber das sämmtliche Personal versammelte sich nach und nach beim Rendez-

vous, ohne daß der Wolf gespürt war. Referent war Nachmittags von dieser vergeblichen Jagd eben heimgekehrt, als ihm ein Bauer anzeigte, daß er den Wolf so eben außerhalb des Waldes gesehen habe. Zwei dorthin gesandte Jäger brachten auch bald die Nachricht, daß der Wolf mit zwei Sätzen einen 16 Fuß breiten Graben und die 7 Fuß hohe Einfriedigung überspringend in den Wald eingewechselt war. Obgleich das leider wieder eingetretene Thauwetter wenig Hoffnung gab, den Wolf am folgenden Tage noch einkreisen zu können, so zog doch der Referent mit noch sechs Begleitern und ebenso vielen Treibern am frühen Morgen des 11. Januar zu Holz, und bald war die Fährte gefunden, da ein in der Nacht wieder eingetretener Frost den wenigen Schnee erhalten hatte, welcher auf den Wegen und Brandruthen am Abende vorher noch lag. Durch fortwährendes Vorgreifen gelang es, der Fährte zwei Stunden weit nachzukommen und endlich den Wolf in dem Hohenzethener Zuschlag, einer Kieferndickung, einzukreisen. Auf dem Wege dahin hatte derselbe vielfach Rehe, Roth= und Schwarzwild gejagt, und wahrscheinlich einen Frischling gerissen.

Gleich bei Beginn des Treibens lief der Wolf, schleichend wie ein Fuchs, dem Nachbar des Referenten, dem Revierjäger Weber aus Zienitz, schrägspitz an und empfing von demselben die tödtliche Kugel, worauf er, ein kurzes Geheul ausstoßend, in die Dickung flüchtig zurückging, aber nicht, ohne noch einen Schuß des Jägers Weber, die beiden Schüsse des Referenten und einen Schuß des andern Nachbars des Herrn Weber empfangen zu haben. Starke Schweißspuren auf dem Anschusse bezeugten die tödtliche Verwundung, und wurde sofort ein Schweißhund auf der Fährte gelöst, welcher den etwa sechzig Schritte vom Anschusse verendeten Wolf fand und verbellte. Er war, dem Gebisse nach zu urtheilen, mittleren Alters, sehr dunkel, fast schwarzgrau von Farbe, hatte nur eine dünn behaarte, 14 Zoll lange Ruthe, war männlichen Geschlechtes, 3 Fuß hoch und genau 100 Pfund schwer.

Da mehrfache Zeichen dafür sprechen, daß ein zweiter Wolf, wahrscheinlich eine Wölfin, in hiesiger Gegend haust, so hat Referent vielleicht bald Gelegenheit, über eine zweite Wolfsjagd Bericht zu erstatten.

Als allgemeine Beobachtung und Beitrag zur Naturgeschichte des Wolfes kann noch hinzugefügt werden, daß, im Widerspruche mit der Behauptung älterer Jagdschriftsteller, mehrere Schweißhunde die Wolfsfährte, wenn auch nicht freudig, anfielen und arbeiteten; dagegen der Ausspruch Vater Döbel's daß die Losung des Wolfes fest und hart, die der Wölfin aber „matschig" sei, sich bestätigt hat, und daß der Wolf vorzugsweise gern auf Wegen und Schneisen wechselte. Das Rothwild schien durch die Anwesenheit des Wolfes nicht sehr beunruhigt, wurde dann aber stets heimlich, und sobald daher wenig Wild am Tage sich zeigte, konnte man den Wolf im Göhrder Walde sicher vermuthen.

*Götz v. Olenhusen,
königlich hannöver'scher Forstmeister.*

Quellenexegese (9):

Einmal wieder ein „letzter deutscher Wolf":

Der Tiger von Sabrodt

Dass es am Ende kein Tiger war, wurden am Ende alle gewahr, aber auch, dass es nicht der letzte Wolf Deutschlands oder nur Nordwestdeutschlands war. Walther Fournier (1870-1943) veröffentlichte von 1895 bis 1932 unter dem Autorenpseudonym „Der wilde Jäger" etwa 100 Artikel in der Jagdzeitung „Wild und Hund". Er war ein Mann vom Fach und ist einer der wenigen Zeitzeugen die bei den Ereignissen des Jahres 1904 ganz nah dran gewesen waren. Eine seiner Angaben sind später von der Geschichtsschreibung übernommen worden.

Das Ende des Tigers von Sabrodt

Wolfsjagd.

„Wilder, du bist ein kapitaler Maul- und Klauensäugling!" flüsterte ich mir in anbetungsvollster Überzeugung höchstselbst ins Ohr, als ich in Berlin von meinem Förster das kurze aber inhaltsreiche Telegramm erhielt:

„Der „Tiger von Sabrodt", ein echter, rechter Wolf, heute Abend nach dreitägigem Kreisen glücklich, zur Strecke!"

Ich hatte bisher immer geglaubt, eine leidliche Portion von der Kunst des hohen und niederen Weidwerkes in meinem Köpfchen aufgespeichert zu haben, daß in Weidmannskreisen mein Wort etwas gelte, und daß in meinem Revier mir niemand ein X für ein U machen könne – und nun diese grenzenlose Blamage, dieser Schlag ins Gesicht, diese Stümperarbeit allererster Klasse! Wahrhaftig, das Maß war zum Überlaufen voll, ich wäre in Tränen ausgebrochen, wenn mir nicht rechtzeitig eine Flasche 75er Mouton Rotschild in die Hände gefallen wäre; denn – es muß gesagt sein – bei aller eigenen Scham gewann doch die Freude über den für mein Revier so segensreichen Erfolg die Oberhand.

Geliebter Leser, ich sehe dich verständnislos diese Zeilen überfliegen, deine verwunderte Physiognomie ist nur ein großes Fragezeichen: Was will der Mensch? Was plagt ihn? Was ist geschehen? Was will er denn erzählen? Wer ist der Tiger von Sabrodt?

Wappne dich in Geduld, lieber Freund; wohl dir, wenn auch du in ähnlichen Lagen die Fassung behältst und nicht ein Schlagfluß deinem kostbaren Leben jäh ein Ende bereitet!

Doch höre und staune!

Seit beinah 100 Jahren ist in der Lausitz, dem Herzen Deutschlands, kein Wolf mehr geschossen worden, und im Jahre 1904 wird eine solche Bestie, die nachweislich fünf Jahre ihr Dasein in der Umgegend gefristet hat, ebendort zur Strecke gebracht!!!

Diese Tatsache redet Bücher.

Doch zur Sache. Ich hatte mal wieder meinen Wigwam zu verlegen für gut befunden, sei es, daß das rauhe Klima der nördlichen Tiefebene meinen Atmungsorganen nicht zusagte, sei es, daß böser Menschen Quertreibereien mir den Aufenthalt verleideten, oder daß ein Heer von Gläubigern mich zwang, zu kapitulieren, sei es schließlich, daß Blauäugelein in der Ferne winkten – du lieber Himmel, wer will das entscheiden, wen interessiert es, und – wen geht's was an? Genug, ich war umgezogen, hatte den märkischen Wäldern den Rücken gedreht und in den unermeßlichen Forsten der Lausitz Einstand genommen.

Es war im Hochsommer des Jahres 1903, als ich zum erstenmal mein neues Revier mit der treuen Büchse auf dem Rücken bedächtig besichtigte. Ein neues Revier! Das erfordert Ruhe und Überlegung und offene Augen. Der Mann, der's einem gezeigt hat, hat es natürlich von der besten Seite gezeigt und die faulen Ecken ängstlich vermieden. Er tat recht daran; denn, wer sich betölpeln läßt, ist ein Hornvieh; Hornvieh gehört in den Stall, und der liebe Gott hat uns den sogenannten Geist gegeben, nicht, daß wir uns betölpeln lassen, sondern daß wir andere betölpeln. Wer schließlich der Betölpelte ist, das entscheidet sich definitiv manchmal erst sehr spät.

Bedächtig schlenderte ich also durch den Wald, kroch hier durch den Bestand und dort durch den Bestand, Mordbegierde lag mir so fern wie Korea von Petersburg, ich wollte nur sehen, lernen, genießen. Heiß brannte die Julisonne mir auf den Schädel, die Luft flimmerte, und in zarten blauen Wölkchen zog der Dampf meiner Zigarre hinter mir her. So war ich wohl eine Meile oder noch mehr dahingewandelt – das Revier hat ca. 5000 Morgen geschlossenen Wald – und stand plötzlich vor einem mächtigen, himmelanstrebenden Holzturm. Aha, dachte ich mir, das ist wohl einer von den berühmten Feuertürmen! Andächtig kletterte ich die Sprossen hinauf, immer höher und höher – ich liebe eine weite Fernsicht –, und schnaufend erreichte ich endlich die Plattform.

„Donnerwetter, war das hoch!" Aufatmend setzte ich mich auf die Bank, der Feuerturm war natürlich unbesetzt, und ließ mein entzücktes Auge in die Ferne schweifen. Welch' ein kostbares Panorama! Wald ringsherum, auf Meilen in der Runde nichts als Wald, eine ideale Gegend, aha – und da war ja auch der dazu gehörige Brand! Kaum 1000 m vom Feuerturm entfernt lag eine wohl 50 Morgen große mächtige Brandfläche, natürlich in meinem Revier. „Siehst du wohl," dachte ich bei mir, „wozu solch Feuerturm nicht gut ist; von dieser Brandstelle hat mir kein Mensch etwas gesagt, und nun habe ich sie höchstselbst gefunden. Also hin, und die Gegend dort mal etwas näher besichtigt!"

Nachdem ich mich noch ein Weilchen ausgeruht und mein Auge an der wunderbaren Waldfernsicht ergötzt hatte, bäumte ich wieder ab und strebte mit langen Schritten der Brandfläche zu. Pfui, das sah böse aus. Natürlich war's eine 10-15jährige Dickung, wahrscheinlich ein Lieblingsstandquartier des Rotwildes, – nun eine öde, scheußliche schwarze Brandfläche.

„Muß aufgeforstet werden," simulierte ich und schritt quer über sie hinweg, um mir die andere Seite auch einmal anzusehen. So, so, die andere Hälfte der Di-

ckung war unversehrt, der Wind musste während des Brandes umgesprungen sein, und das hatte sie gerettet.

Waldbrände, geliebter Weidgenosse, entstehen nur durch Unvorsichtigkeit oder durch Schuftigkeit; ersteres selten, letzteres häufig, und im letzteren Falle wird der betreffende Schurke die Sache immer so anfangen, daß selbst die Feuertürme in der Nähe nicht viel helfen können. Bei Bodenbrand in großen Dickungen ist die einzige Rettung Gegenfeuer, gehen keine Gestelle durch dieselbe, so ist auch das vergeblich, sie brennt radikal herunter, und man kann nur die Nachbarbestände retten, wenn einem nicht Naturkräfte, Regen oder umspringender Wind, zu Hilfe kommen.

Der noch intakte Rest der Dickung mochte ca. 200 Morgen betragen; ein schmales, aufgepflügtes Gestell führte schräg durch sie hindurch über Berg und Tal, denn es war hier sehr kupiertes Gelände.

„Nun, dann wollen wir doch mal hier entlang krauchen," dachte ich, „auf aufgepflügten Gestellen läßt sich gut spüren, und Spüren ist im Hochwildrevier eine conditio sine qua non."

„Kreuzdonnerwetter!" Nach kaum 100 Schritten stoppte ich und betrachtete mir verwundert eine nagelfrische, mächtige Hundespur! –

„Das ist ja recht heiter," brummte ich wütend, „also solche Kanaillen gibt es hier auch! Muß umgehend entfernt werden! In meinem Revier jage nur ich, Schmarotzer kann ich nicht gebrauchen!" Ingrimmig wandelte ich weiter und wurde mir in meinem Innern klar, als ich plötzlich vor ganz frischer Losung stand, daß dieses Hundevieh für meinen Förster zu einer Kabinettsfrage werden würde: „Entweder ist die Bestie in einem halben Jahr erledigt, oder aber – wir passen nicht zusammen!"

Die Losung war ganz charakteristisch. Ich sehe sie noch heute vor mir. Filzig wie Gewöll vom Uhu und Rotwildhaare drin. Es mußte ein gänzlich verwilderter Köter sein.

„Hören Sie mal," sagte ich zu Herrn X., als ich nach Hause kam, „das ist ja alles recht schön und gut, und das Revier gefällt mir auch ausgezeichnet, aber da hinten im äußersten Norden, auf der großen Brandfläche, da treibt sich ein verwilderter Hund herum, das ist doch scheußlich!"

„Ach," lachte jener, „sehen Sie mal an. Haben Sie den auch schon gespürt? Das ist ja der bekannte „Tiger von Sabrodt!"

„Tiger von Sabrodt?" sagte ich erstaunt, „was ist denn das?"

„Ja, was es nun eigentlich ist, das kann ich Ihnen auch nicht verraten. Aber das ist sicher, die Bestie treibt bereits seit 1900 hier in der Gegend ihr Unwesen. Alle Jahre wird sie gesehen, alle Jahre wird auf sie gejagt, die unglaublichsten Märchen werden von ihr erzählt; bald soll es ein Tiger, bald ein Leopard, bald ein Wolf sein, die Menschen waren eine Zeitlang so eingeschüchtert, daß sich niemand mehr in den Wald getraute, vom Landrat wurde eine Belohnung von 100 Mark auf ihren Kopf gesetzt; aber alle Bemühungen, alle Jagden blieben

erfolglos, sie lebt heute noch ebenso lustig wie vor vier Jahren und dezimiert den Wildstand in der greulichsten Weise."

„Aber das ist doch gar nicht möglich," erwiderte ich, höchlichst erstaunt über diese Eröffnung, „hier, wo so hervorragende und berühmte Jäger sitzen, sollte ein verwilderter Köter länger als ein Jahr sich durchschwindeln! Nein, Verehrtester, das kann ich nicht glauben, das wäre doch ein starkes Stück."

„Aber Sie können sich darauf verlassen, es ist so," war die trockene Antwort. „Selbst Ihr Förster hat sich schon die unglaublichste Mühe gegeben mit Bisen, mit Gift, Mondscheinnächte lang hat er auf dem Anstand gesessen, ja selbst durch eine hitzige Hündin hat er den Räuber locken wollen, nichts ist ihm geglückt, alles war vergeblich. Der ist mit allen Salben gerieben."

Ich muß ganz offen sagen, mir ging die Geschichte damals eine Weile im Kopf herum, ich konnte sie nicht recht fassen, glaubte nur die Hälfte und hielt die andere Hälfte für dummes Gerücht. Dann reiste ich wieder ab, die Blauäugelein hatten es mir rauhem Knaben angetan, und ich war für nichts zu sprechen, selbst nicht für meine Hirsche, – und so kam der Winter heran.

Der Winter, nun, er hat uns Weidmänner ja wieder mal genarrt wie alle seine Vorgänger. Schnee gab es so gut wie gar nicht, Sauen und Raubzeug lachten sich vergnügt ins Fäustchen, ihnen passte solch Wetter ja außerordentlich in ihren Kram. Verdrießlich lief man bei trockenem Frost im Walde herum, und das trübe Wetter wirkte auch begünstigend auf diesen Seelenzustand ein. Da endlich, eines schönen Morgens bedeckte eine frische Neue Wald und Flur, und wie von der Tarantel gebissen, raste ich in den Wald.

Der Weidmann, der bei einer Neuen im Zimmer hocken und am Daumen lutschen kann, ist ein greuliches Zerrbild seines Standes, er hat seinen Beruf verfehlt und sollte anstatt des Schießprügels sich lieber eine Drehorgel um den holden Leichnam winden. O – aber dieser Art Jäger gibt es eine größere Masse als man sich träumen läßt, und auch die dortige Gegend war mit ihnen reichlich gesegnet!

Es war mir ein eigenartiger Genuß, endlich mal wieder in meinem Revier wie in einem offenen Buche zu lesen, und so manche mir höchst wichtige, den Wildstand betreffende Bemerkung konnte ich auf diesem Birschgang machen. Allmählich war ich dabei, auch wieder bis in die Nähe besagter Brandfläche gekommen – urplötzlich – ich zucke zusammen – da ist die vermaledeite Hundespur wieder!

Verehrter Leser, wie ich vor mich hingeflucht habe, das will und kann und brauche ich hier gar nicht zu Papier zu bringen. Aber das kann ich dir versichern, eine kräftige Suppe hättest du dir davon zusammenrühren können, und die Portionen hätten für ein Vierteljahrhundert gereicht.

Aufmerksam studierte ich die Spur. Donner ja, das muß ein mächtiger Kerl sein! Ich folgte ihr wohl mehrere Kilometer, fand auch Losung genau wie damals im Sommer, und an einem Jagensteim hatte er auch genäßt und wie jeder andere Hund ein paarmal feste mit den Hinterläufen die Erde aufgekratzt. Dann war er *einen Weg entlang geschnürt und schließlich in eine Dickung eingewechselt. Ich muß nun allerdings gestehen, daß mir bei der ganzen Spur das fast ununterbrochene Schnüren auffiel, was ein Hund ja eigentlich nur höchst selten tut; dies und die Losung aber hätten mir von Rechts wegen sofort sagen müssen, daß ich es mit einem Wolf zu tun hatte.*

Na, ich will ja meine eigene Dämlichkeit gestehen, und es wird mich wohl noch lange, lange wurmen, daß ich die Spur eines Wolfes nicht von der eines Hundes unterscheiden konnte; aber mein einziger Trost ist der, daß noch andere Koryphäen der Wissenschaft, die, nebenbei gesagt, jahrelang den Vorzug hatten, diese Bestie zu füttern, ebenfalls nicht klüger waren als ich; denn kein einziger der dortigen Jäger hat mit voller Bestimmtheit nachgewiesen, daß es sich nicht um einen Hund, sondern um einen Wolf handelte. Das ist ja eigentlich schon ein ziemlich starkes Stück, aber noch toller ist der Umstand, daß vier Jahre vergehen mußten, ehe man dem Satan das Handwerk legte, das ist unverzeihlich, da mag man sagen, was, und sich entschuldigen, wie man will. Bei einer Neuen ist's doch wahrhaftig nur ein Kinderspiel. Erschwerend wirkte ja allerdings der Umstand, daß der Wolf in einer Nacht ganz kolossale Touren machte, und daß er sowohl im Königlichen, wie im Gräflichen und noch zwei Privatrevieren sein Unwesen trieb, so daß er gewöhnlich zwei- oder dreimal über die Grenzen war. Aber die Herren kannten sich doch alle und verkehrten miteinander, ja, sie haben auch gemeinschaftliche Jagden veranstaltet, aber, wie gesagt, immer mit negativem Erfolg.

Am Abend ließ ich mir meinen Förster kommen und besprach mit ihm den Fall sehr ernstlich; ich erklärte ihm rundweg, daß die Bestie bis zur Setzzeit unbedingt erledigt sein müßte, wie er das machen würde, wäre, seine Sache, aber wildernde Hunde in meinem Revier zu dulden, dazu hätte ich absolut keine Lust. „Man macht sich ja lächerlich," sägte ich wörtlich, „wenn man anderen Leuten die Geschichte erzählt. Schließlich ist die Bestie doch nicht klüger als wir, aber was soll aus einem Wildstand werden, wo sie Tag und Nacht herumjagt, – ein derartig scheues Wild wie hier habe ich noch nie gesehen; das muß anders werden, unter allen Umständen, und zwar bald, sonst muß ich mir eben jemand suchen, der etwas mehr vom Raubzeugfang versteht. Wenn ich mich erst selbst dahinterbinde, dann kriege ich das Vieh, darüber können Sie beruhigt sein; aber ich habe weiß Gott augenblicklich mehr zu tun, als Tag und Nacht hinter dem Raubzeug her zu sein."

Der Schnee verschwand ebenso schnell wie er gekommen, und es blieb alles beim alten. Ich spürte den Wolf zu wiederholten Malen, er war also immer noch da, und sehnsüchtig wartete ich auf eine Neue. Mein Plan war inzwischen gemacht, ich hatte bereits an Grell und Weber schreiben und um Übersendung von Eisen und Selbstschüssen bitten lassen; sobald weiches Wetter eintrat, wollte ich à la Afrika mit einem Löwen- resp. „Hyänenstell" mit Hindernissen, d. h. Eisen und Selbstschüssen, operieren. Die nötigen Tafeln, um umherstreichendes Volk, Waldbummler und dergl. zu warnen, waren auch bestellt, sich auf weiteren Schneefall zu verlassen war unsicher, also ich war auf alle Fälle gerüstet.

Da plötzlich – am 22. Januar d. Js. – wieder eine Neue! Der Tag graute kaum, da fuhr ich bereits in den Wald. Mein Förster hatte auf dem Bahnhof zu tun, wir wollten uns gegen Mittag im Holzschlag treffen.

Gegen 11 Uhr hatte ich den Wolf in dem Rest der angebrannten Dickung fest!! Nun mußte der Apparat fieberhaft arbeiten. Aus dem Holzschlag wurden Leute nach allen Richtungen der Windrose gesandt, um Schützen herbeizuschaffen: Punkt 1/2 3 sollte die Hälfte, die von Osten her kam, da und 'da und die andere Hälfte auf der entgegengesetzten Seite sich sammeln. Die Sammelpunkte hatte ich natürlich in respektvoller Ferne der fraglichen Dickung bestimmt. Ich selbst raste mit meinen Himmelsziegen nach Hause, trieb eigenhändig an Schützen auf, was zu kriegen war, und glücklich so gegen 3/4 3 langte ich am ersten Rendezvousplatz wieder an. Dort klappte die Sache. Die Treiber waren zur Stelle, und auch ein paar Schützen lauerten blutdürstig der Dinge, die da kommen sollten. Mit wenigen Worten erklärte ich die Situation; mein Förster mit den Treibern rückte ab, und ich stellte die erste Serie Schützen in der Front an. Als ich glücklich am anderen Rendezvousplatz ankam, war niemand dort, viele Fußspuren aber gerade dahin, wo sie nicht gehen sollten, bewiesen mir, daß man es nicht hatte erwarten können. Auf dem Rückweg nach der Schützenfront spürte ich denn auch zu meiner großen „Freude" den Wolf aus der Dickung heraus. Die Sache war verpfuscht, der Wolf war zum Teufel.

Bald erschienen dann auch die anderen Schützen; sie hatten am Rendezvousplatz niemand vorgefunden und waren schließlich mit dem unvermeidlichen Radau an der Wolfsdickung entlang getändelt. Das hatte Isegrim natürlich spitzgekriegt und sich schleunigst empfohlen.

Die Sache war nicht mehr zu ändern, und da wir nun einmal an Ort und Stelle waren, so versuchten wir noch weiter zu kreisen, in der Hoffnung, die Bestie doch noch einmal fest zu bekommen, aber leider vergeblich. Es wurde dunkel, und wir mußten es aufgeben.

„Herrschaften," sagte ich nun zu der versammelten Jägerschar, „jetzt sind wir einmal auf den Beinen und wissen, wo die Bestie ist; Spurschnee haben wir auch, also mache ich den Vorschlag, morgen noch einmal unser Heil zu versuchen. Es sind hier Vertreter aller vier Reviere vorhanden, machen Sie Ihren Vorgesetzten davon Mitteilung, ich spüre jedenfalls morgen mein Revier genau ab und bin um 11 in der Königl. Försterei, die für uns alle am günstigsten liegt. Nun machen Sie, was Sie wollen, Weidmannsheil und gute Nacht," *und damit schob ich nach Hause.*

Am nächsten Morgen pünktlich um 11 war ich in der Königl. Försterei; in meinem Revier war Isegrim nicht gewesen, wir hatten ihn am Tage vorher doch ordentlich auf die Läufe gebracht. Zu meiner großen Befriedigung fand ich einen ganzen Haufen Schützen vor. Auch der Königl. Oberförster war erschienen, er hatte gleichfalls ein großes Interesse daran, der Bestie das Handwerk zu legen, und – frohe Botschaft! – sie war sowohl im Königlichen wie auch in der Gräflichen Forst „fest".

"Na, doppelt hält besser," dachte ich, „einer wird beim Spüren wohl geträumt haben, aber das macht ja nichts, erst die nächste, dann die entferntere Dickung!"

So wurde es auch gemacht.

Das erste Treiben war vergeblich, beim Anstellen wurde der Wolf herausgespürt, er hatte so in hohes Heidekraut hineingetreten, daß ein Überspüren für einen weniger Geübten verzeihlich war. Also auf die Wagen und vorwärts zur nächsten Dickung!

Dort meldete der Königl. Förster den Wolf zweimal herein und einmal heraus. Dann steckt er drin, da gibt's kein Parlamentieren! Die Treiber schoben lautlos nach rechts, die Schützen nach links ab, kaum eine Viertelstunde später stand alles auf seinen Plätzen, und klar und hell schmetterte die Anjagdfanfare durch die dünne Winterluft.

Mich hatte der Oberförster liebenswürdigerweise auf den Einwechsel gestellt – hätte die Sache damals geklappt, so wäre der Wolf voraussichtlich mein gewesen – - aber näher und näher hörte man das Klopfen der Treiber, einer nach dem anderen trat auf das Gestell, – man sicherte die Büchse – wieder nichts!!

Die Sache war sehr einfach. Der betr. Förster hatte den Wolf ganz richtig in eine Dickung zweimal herein- und einmal herausgespürt, und Isegrim war auch in der Tat drin. Aber anstatt die ganze Dickung auf einmal zu treiben, hatte der Förster nur die Hälfte, bis zu einem schmalen Gestell, treiben lassen, und das war ein unverzeihlicher jagdlicher Fehler, das wird er wohl heute selbst wissen; momentan war aber nichts weiter zu machen, und man konnte wieder betrübt nach Hause fahren.

Beim Abschied machte ich den Vorschlag, bei der nächsten Neuen denselben Apparat noch einmal spielen zu lassen und das Rendezvous um 11 in derselben Försterei anzusetzen. Mit Vergnügen ging alles darauf ein, und beruhigt fuhr ich wieder nach Hause. Meinem Förster band ich auf die Seele, diese Abmachung auch bei meiner Abwesenheit strikt inne zu halten und bei jeder Neuen coûte que coûte so lange hinter der Bestie her zu sein, bis sie entweder getötet oder der Schnee weggetaut wäre.

Und wieder zogen vier Wochen ins Land, und wieder lockten mich Blauäugelein in die Ferne, und ihnen zuliebe mußte ich auf den Wolf verzichten, – aber es reute mich nicht, und neidlos werde ich die ausgestopfte Trophäe im Kreishause prangen sehen; es gibt wohl ein hohes Weidwerk – und dazu gehört der Wolf auch – und ich bin ein begeisterter Jünger der hohen Jagd, aber zum Teufel! – ich pfeife auf die hohe Jagd, wenn ich im höchsten Weidwerk tätig bin, und dazu gehören Blau- und Braunäugelein.

Am Mittwoch, den 24. Februar, mußte ich dringend nach Berlin fahren, und meinen Seelen-zustand, lieber Leser, wirst du ermessen können, wenn ich dir erzähle, daß auf der ganzen Fahrt das lustigste Schneegestöber gegen die Fenster wirbelte.

Am Nachmittag telegraphierte ich bereits an meinen Förster: "Morgen kreisen, um 11 am Rendezvousplatz, bei Erfolg 50 M. Extraprämie." Desgleichen telegraphierte ich dem Königl. Oberförster: "Mein Jäger beauftragt, wie verabredet zu kreisen, ich selbst leider verhindert, Weidmannsheil!"

Am Donnerstag war alles Kreisen vergeblich, der Wolf war nirgends fest. Dabei schneite es lustig weiter. Am Freitag dasselbe Bild, es schneite noch immer, aber der Wolf wurde nirgends bestätigt.

Endlich am Sonnabend wieder eine Neue und ein wunderbarer klarer Wintertag. Ich habe wohl heimlich in meinem Auge jeden Morgen eine Träne zerdrückt, und wer mich kennt, wird wissen, welche Überwindung es mich gekostet hat, diese Tage nicht in meinem Revier sein zu dürfen; aber wenn ich geahnt hätte, um was es sich handelte, beim Wodan und allen Göttern Walhalls, ich weiß nicht, was ich getan hätte. So kann ich das Ende des Dramas nur nach den mir gewordenen Erzählungen hier wiedergeben. Beim Rendezvous wurde der Wolf wieder in der nämlichen Dickung bestätigt gemeldet, aus der er bei der letzten Jagd noch glücklich seinen Balg gerettet hatte. Aber als man dorthin aufbrach, war er bereits wieder weitergewechselt, und zwar nach jener Dickung, wo er gleichfalls auf der vorigen Jagd fälschlich bestätigt war. Dort steckte er diesmal aber positiv fest, und mit größter Vorsicht wurde sie umstellt. Der Königl. Oberförster leitete die Jagd, 18 Schützen standen ihm zur Verfügung, und mit einer solchen Masse kann man schon etwas anfangen. Die Treiber gingen an, und es dauerte nicht lange, da erschien Isegrim in der Front, sicherte vorsichtig und hatte die beste Absicht, sich aus dem Staube zu machen; diesen Moment benutzte ein herrschaftlicher Oberförster, der die Bestie in der lichten Dickung hatte herantraben sehen, und schoß spitz von vorn mit der Kugel. Im Knall schlug der Wolf herum – die Kugel hatte ihn nur gestreift – und wollte auf dem Rückwechsel in riesigen Fluchten eine Blöße überfallen. Dort standen aber zwei Förster und empfingen ihn wohlgemut mit je einer Dublette Posten. In windender Fahrt verschwand das Raubtier in der gegenüberliegenden Dickung.

Die verdutzten Gesichter der Jagdgesellschaft hätte ich sehen mögen, als man wieder zusammenkam. Große Enttäuschung malte sich in ihren Gesichtern – alles schien wieder vergeblich gewesen zu sein! Da, o Jubel, fand man ein Tröpfchen Schweiß, bald noch eins und wieder eins, und sofort wendete sich die Enttäuschung in Hoffnung, der Kummer in Freude, die Nachsuche wurde abgebrochen, die nächste Dickung umschlagen, und wahrhaftig, der Wolf steckte wieder drin.

Ein Durchdrücken wäre nicht mehr nötig gewesen, die Treiber fanden den Wolf verendet, und ein Jubelgeheul kündete den atemlos harrenden Schützen das glückliche Ergebnis. Im Nu war alles bei der Beute, und da war des Staunens kein Ende, der vermeintliche wilde Hund entpuppte sich der überraschten Jägerschar als waschechter, kapitaler männlicher Wolf.

Was dann noch weiter geschah, entzieht sich meiner Kenntnis, und ob der Wolf auch genügend und gebührend totgetrunken ist, möchte ich beinahe bezweifeln. Ich für meine Person habe ihm jedenfalls ein Trankopfer gebracht, das sich se-

hen lassen konnte, mein Freund Bärenmeyer kann's bezeugen, denn er war auch dabei.

Der Wolf wog 41 kg, war am Widerrist 80 cm hoch, die Länge von der Nase bis zur Rutenspitze betrug 1,60 m, die Rute selbst 40 cm; ausgestopft wurde er selbstverständlich bei Otto Bock in Berlin, Kronenstraße 7, und von dessen Meisterhand wieder lebendig gemacht, bildet er heute eine Zierde des neugebauten Kreishauses in Hoyerswerda, ein Andenken zugleich an die letzte erfolgreiche Wolfsjagd in Schlesien.

Meiner unmaßgeblichen Ansicht nach, ist der Wolf im Winter 1899 oder 1900 aus Polen eingewechselt; denn von hier bis zur polnischen Grenze zieht sich ununterbrochen ein gewaltiger Waldkomplex hin, dessen Wildstand ein ganz hervorragender ist. Also einmal darin, gefiel es der Bestie großartig, und dank der Toleranz der Jägerei konnte sie sich so lange Zeit glücklich durchschmuggeln. Mögen sich auch um den wohlverdienten Bruch drei Schützen streiten – moralisch haben wir, mein braver Jäger und ich, ihn auch geschossen!

Walther Fournier (Der wilde Jäger), Am Lagerfeuer – Jagdliche Mixed Pickles aus zwei Welten, 1. Aufl., Rudolf Möhring, Schwerin in Mecklenburg 1913

Eine selten gewählte Art der Darstellung: ein erlegter Wolf als Postkartenmotiv, wie hier im Jahr 1904. Die Postkarte wurde gleich 1904 vom Hoyerswerdaer Fotografen R. Aedtner (Photogr. Atelier Hoyerswerda) angefertigt. Eine Besonderheit ist darauf die Handschrift des erfolgreichen Schützen Brämer: „Weißcollm, Post Lohsa a/L., 17.III.04. Sie können nun getrost mal hierher kommen, die Wölfe werden Sie nicht auffressen. Gruß mit Waidmannsheil Ihr College Brämer." Repro: Stadtmuseum Hoyerswerda

Quellenexegese (10):

Das Ereignis des Jahres 1948:

Der Würger vom Lichtenmoor

Die Wanderung einzelner Tiere führte sie zwar auch in den vergangenen 100 Jahren immer wieder nach Deutschland, doch seitdem 1904 in Sachsen der letzte Wolf Deutschlands geschossen worden war, gab es keine frei lebende Wolfspopulation mehr in Deutschland. Als im Jahre 1948 die Meldung durch die Presse ging, dass in der Schotenheide im Kreis Fallingbostel ein Wolf erlegt wurde, der später dann als der „Würger von Lichtenmoor" Berühmtheit erlangte, fragte sich ein jeder, ob es sich bei dieser Nachricht nicht um eine „Zeitungs-Ente" handeln würde. Am Ende stellte sich heraus, dass es Realität war und erstmals seit Kriegsende ein Wolf in Norddeutschland erlegt worden war.

Das Jagdrevier, das dem „Würger" zugeordnet wurde, war ein rund 30 Quadratkilometer großes Gebiet in den Landkreisen Neustadt, Fallingbostel und Nienburg mit Zentrum im kaum besiedelten Lichtenmoor. Im Winter 1947/48 wurden dort zahlreiche Wildtiere gerissen und ein „großer, grauer Hund" gesichtet, der später mit dem Wolf in Verbindung gebracht wurde.

Als im Frühjahr die Weidetiere ins Freie getrieben wurden, fielen erste Schafe und Rinder dem unbekannten Jäger zum Opfer. Das Wild verzog sich, und in dem Gebiet zwischen Rethem und Rodewald holte man schließlich das Weidevieh abends in die Ställe. Der noch unbekannte Räuber legte kilometerweite Strecken zurück, auch die Aller bildete kein Hindernis. Mal schlug es in Gilten zu, dann wieder in Rethem-Moor, mal in Rodewald, dann tauchte es wieder in Heemsen auf. Es war schlau und listig, ließ niemals Vorsicht außer Acht und war daher nicht zu fassen. Man sprach von einem aus dem Zoo entwichenen Puma, von einer Hyäne, von einem Wolf, ja von einem Löwen und von einer Tiger-Familie.

Bei mehreren der getöteten Rinder fiel das jeweils gleiche, ungewöhnliche Muster der Verletzungen auf: Die rechte Hinterkeule war aufgerissen, woran das jeweilige Tier verblutet war. Einige Schafe waren sogar auf der Weide vollständig aus dem Fell geschlagen worden, was allerdings auf Menschenhand hinwies.

Im Mai 1948 begann eine breitere Öffentlichkeit, auf die sich häufenden Verluste unter den Herdentieren aufmerksam zu werden. Niedersachsens Landwirtschaftsminister Dr. Günther Gerecke und sein Landforstmeister Ernst-August Freiherr von Hammerstein-Equord unternahmen in Zusammenarbeit mit den britischen Besatzungsbehörden alles, um das wertvolle Vieh vor dem Raubtier zu schützen.

Es gab ergebnislose Drückjagden, für die 1945 entwaffnete deutsche Jäger von der britischen Militärverwaltung mit Gewehren ausgestattet wurden. Eine Riesen-Treibjagd wurde nun am 12./13. Juni 1948 abgehalten. 1200 Treiber aus den Kreisen Nienburg, Neustadt a. Rbge. und Fallingbostel, 70 deutsche Berufsjäger, Polizisten und Soldaten der englischen Besatzungsmacht bildeten einen Kessel von 60 Kilometern Umfang um das Lichtenmoor und drückten diesen ein – ohne Erfolg. Die Bestie riss bei Rethem-Moor zur selben Stunde ein weiteres Rind.

War man zunächst noch von wildernden Hunden als Schuldigen ausgegangen, wurde bald die Theorie diskutiert, dass es sich um einen Wolf handele. In der Landbevölkerung entwickelte sich vielenorts Angst, die durch Berichte der Medien über den „Würger vom Lichtenmoor" noch verstärkt wurden. Durch einen signifikanten Rückgang der Zahlen gerissener Herdentiere im Juli und August nahmen die Gerüchte und Berichte über den „Würger" jedoch alsbald ab.

Am 17. August 1948 schrieb eine Heimat-Zeitung: „Das Lichtenmoor-Rätsel ist gelöst, zwei wildernde Hunde wurden in Rodewald beim Reißen eines Kalbes beobachtet, aber das Morden geht weiter."

Ende August aber hieß es dann plötzlich, in Eilte sei ein Wolf erlegt worden. Das Gerücht bewahrheitete sich. Der Bauer Hermann Gaatz (* 11.02.1888, † 29.10.1961), damals 61 Jahre, hatte nach mehrwöchigem Ansitzen am 27. August abends um 21.30 Uhr von einem Hochsitz mit einem englischen Militärkarabiner einen 95 Pfund schweren Wolfsrüden in der Schotenheide gestreckt, als der sich gerade an einige Rehe anpirschte. Fünf Wochen lang war er auf seinem klapprigen Fahrrad nach der schweren Tagesarbeit zu dem vier Kilometer entfernten, eben erst urbar gemachten Heidestück hinausgeradelt.

Nach dem späten Schuss verging für den passionierten Jäger eine schlaflose Nacht, bevor er am nächsten Vormittag mit Schwiegersohn und Schäferhund zur Nachsuche aufbrach. Nun fand er das Tier, einen sechs Jahre alten Rüden, der eine Länge von 1,70 Metern, eine Schulterhöhe von 85 Zentimetern und ein Gewicht von 95 Pfund aufwies.

Dass es sich bei der „Bestie" um einen Wolf handeln müsse, hatte Oberforstmeister Freiherr von Hammerstein vom Landesforstamt Hannover bereits am 24. Juni in Anwesenheit des Landwirtschaftsministers und stellvertretenden Ministerpräsidenten in einem Sachverständigenurteil festgestellt. Der „Würger vom Lichtenmoor" hatte einen Schaden angerichtet, der auf 100 000 D-Mark (rund 50 000 Euro) geschätzt wurde.

Hermann Gaatz wollte den toten Wolf ausstopfen lassen und dem Landesmuseum stiften. Zwei zunächst Unbekannte gaben sich jedoch als offiziell Beauftragte aus und nahmen den Kadaver zu einem unbekannten Ziel mit. Zwei Tage später tauchte er im Kofferraum eines Autos eines Reporters auf dem Parkplatz des Anzeiger-Hochhauses in Hannover auf. Im heißen Sommerwetter war der Kadaver bereits so weit verfallen, dass er sich nicht mehr präparieren ließ.

Genaues hatte seinerzeit der „Spiegel" in seiner Ausgabe vom 4. September 1948 recherchiert („Wo der Hund begraben liegt – Artverwandte Leiche"):

Noch ehe man ihm Heu in den aufgeschlitzten Bauch gesteckt hatte, war beschlossen worden, er solle ausgestopft im hannoverschen Landesmuseum stehen – als Denkmal für die 100 000 Mark Schaden, die er angerichtet hat.

Einem Journalisten, um dessen unabhängiges Wochenblatt sich der Wolf besonders verdient gemacht hatte, gab Hermann Gaatz den Kadaver im Auto nach

Hannover mit. Als nach einem knalligheißen Sonntag am Montag weder Hermann Gaatz noch die Tierärztliche Hochschule noch das Landesmuseum Auskunft wußte, wo der Wolf geblieben sei, umschlich Oberforstmeister von Hammerstein ahnungsvoll die Autos vor dem hannoverschen Pressehochhaus: Der Wolf erfüllte den Gepäckraum des Journalisten-Autos mit Verwesungsgeruch. Man konnte ihm die Haare schon büschelweise ausreißen, präparieren konnte man ihn nicht mehr.

Als der Zoologische Garten auf das Fleisch verzichtet hatte, wurde der Kadaver in Museumsnähe beerdigt. Nur den Schädel mit den mächtigen Reißzähnen kann Museums-Präparator Hermann Schwerdtfeger der Nachwelt erhalten. Und das Skelett.

Den Knochen aus diesem Skelett, ohne den weder das Gerippe eines Wolfsrüden noch der eines Hunderüden vollständig wäre, hat sich Museums-Kustos Dr. Rolle auf seinem Schreibtisch zwischen einem Original-Wolfsknochen und einem Original-Hundeknochen befestigt. Die beim Hund üblichen, beim Wolf dagegen fehlenden Verbildungen sind beim Knochen des Lichtenmoor-Untiers zwar kaum vorhanden, immerhin aber erkennbar.

Der Würger vom Lichtenmoor. Heinrich Heine (†) / digitale Sammlung Blazek

Im Landesmuseum Hannover ist heute eine Rekonstruktion des Wolfskopfs ausgestellt, die nach einem Gipsabdruck angefertigt wurde, ebenso der damals verwendete Karabiner. An der Stelle, an der der Wolf erlegt wurde, 2 ½ Kilometer vom ehemaligen Bahnhof Eilte entfernt, ließ der Landesjagdverband Niedersachsen einen „Wolfsstein" zum Gedenken errichten. Dieser ist für die Webseite des Fleckens Ahlden (Aller) fotografiert worden.

Berichte über die Anzahl der getöteten Beutetiere, die Tötungswunden und andere Indizien machen deutlich, dass es sich bei mehreren, vielleicht sogar den meisten Fällen um Wilderei und illegale Schlachtungen handelte, die aufgrund des Fleischmangels und der Lebensmittelrationierung in der Nachkriegszeit keine Seltenheit waren. Für diesen Verdacht sprechen nicht nur die Schnittwunden an den gefundenen Tieren, sondern auch die für einen einzelnen Wolf nicht nachvollziehbare Anzahl der gerissenen Tiere: 58 Rinder, nach anderen Quellen 65, weisen die Statistiken allein für den Sommer 1948 aus. Dabei lagen die höchsten Zahlen im Mai und Juni. Dazu kamen rund hundert „gerissene" Schafe sowie zahlreiche Wildtiere.

Der Würger vom Lichtenmoor. Heinrich Heine (†) / digitale Sammlung Blazek.

Beim Weidevieh hatte man seinerzeit im Übrigen auch nicht die panische Angst beobachtet, in die es beim Nahen eines richtigen Wolfes verfallen wäre.

Der „Spiegel" mutmaßte über die Herkunft des Wolfes: „Die scharfen, nicht abgenützten Krallen, mit denen der Würger das Vieh zerkratzte, deuteten auf domestizierten Wolf – vielleicht einer Tierschau entwichen oder vor vier bis fünf Jahren von Soldaten jung aus Rußland importiert und vor einiger Zeit entlaufen."

Eine kleine Sensation sind die hier abgebildeten drei Bilder, die bisher nur im Internet veröffentlicht worden sind. Die Fotos stammen aus dem Privatbesitz von Heinrich Heine. Er hatte die Fotos damals gegen die Anordnung der britischen Militärregierung durch die Beine der anwesenden Menschen gemacht.

Der Heimatforscher und Kreisheimatpfleger Hans Stuhlmacher (1892-1962) verarbeitete das Geschehene in einem 30-seitigen Heimatbuch mit dem Titel „Der Würger vom Lichtenmoor – Der Wolfstöter von Eilte, Hermann Gaatz, erzählt" (Eilte 1949). Heute wird das Buch hauptsächlich an niedersächsischen Schulen als heimatorientiertes Sachbuch gelesen.

Stuhlmacher schrieb: „Ein Jahr ist verflossen, seitdem die Gegend rund um das Lichtenmoor von der Geißel befreit wurde, die durch ungezügelten Blutdurst nicht nur ungeheuren Schaden angerichtet, sondern überall Angst und Schrecken verbreitet hatte. Wie ein Lauffeuer ging es durch das Land: Der Würger vom Lichtenmoor ist tot! Bauer Hermann Gaatz aus Eilte hat den Wolf geschossen!"

Seitdem ist kaum ein Jahr vergangen, in dem nicht Wölfe nach Westdeutschland eingewechselt wären. Bereits vier Jahre später kam in Niedersachsen wieder ein Wolf zur Strecke. Am 23. März 1952 kam dem Jagdpächter und Holzhändler Hermann König, Unterlüß, ein großer, 86 Zentimeter hoher Wolfsrüde von 54 Kilogramm auf dem Gelände des früheren Schießplatzes der Rhein-Borsig AG (etwa drei Kilometer von Unterlüß gegen Müden, etwa 500 Meter nördlich des Weges) vor die Büchse. Da man den Wolf für einen wildernden Hund hielt, blieb er drei Wochen draußen liegen, sodass er bereits verwest war, als man ihn als Wolf identifizierte. Das 1936 gegründete Institut für Jagdkunde in Hann. Münden (Dr. Detlef Müller-Using und Dr. Walter Rieck) bestätigte nachträglich die Bestimmung und nahm den Schädel an sich. In der Gegend waren weder Risse von Vieh noch von Wild aufgefunden worden, sodass angenommen wurde, dass der Wolf erst vor seiner Erlegung zugewechselt war.

Und schon am 22. Juli des gleichen Jahres schoss der Bauer Arno Munstermann zwischen Wriedel und Munster, dicht an dem Forstort Raubkammer, einen weiteren Wolf, einen etwa sechs bis sieben Jahre alten Rüden, der 39,75 Kilogramm wog. Der Direktor des Zoologischen Museums in Hamburg, Berthold Klatt (1885-1958), behielt das Skelett des Wolfes gleich da, und der Balg gelangte in den Besitz des Erlegers.

Anmerkungen:

[1] Stadtarchiv Hannover: Lohnregister der Stadt Hannover B 7061 (1429-1452) ff. Castelle, Friedrich (Hrsg.), Hermann Löns – Sämtliche Werke in acht Bänden, Sechster Band, Hesse & Becker Verlag, Leipzig 1930, S. 415; Schraube, Albert, „Der Wolf in Niedersachsen", Sonderdruck aus: Archiv für Landes- und Volkskunde von Niedersachsen, Veröffentlichungen, Band 3, hrsg. von Kurt Brüning, Druck und Verlag von Gerhard Stalling, Oldenburg 1942, S. 309.
[2] NLA-HStA Hannover Cal. Br. 33 Nr. 53.
[3] Schraube, wie Anm. 1, S. 329; Heuvel, Gerd van den, Die Ausrottung eines „gefährlichen Untiers", in: Niedersächsisches Jahrbuch für Landesgeschichte, Band 76, Verlag der Hahnschen Buchhandlung, Hannover 2004, S. 75.
[4] NLA-HStA Hannover Celle Br. 64 Nr. 29 (Wolfsjagd auf der Göhrde, zu der die Ämter Medingen, Oldenstadt und Bleckede ihre Untertanen schicken sollen).
[5] Allgemeine Forst und Jagd-Zeitung, Neue Folge, 9. Jahrg., hrsg. von Stephan Behlen, Verlag von Johann David Sauerländer, Frankfurt am Main 1840, S. 291.
[6] Wallmann, „Aus der Jagd-Chronik der Göhrde", in: Forstliche Zeitschrift, unter Mitwirkung der Lahrer der Forstakademie Münden, Verlag von Julius Springer, Berlin 1879, S. 150 f.
[7] Illustrirte Zeitung. Wöchentliche Nachrichten über alle wesentlichen Zeitereignisse, Zustände und Persönlichkeiten der Gegenwart, öffentliches und gesellschaftliches Leben, Wissenschaft und Kunst, No. 2060, Leipzig, 23. Dezember 1882, S. 585.
[8] Prüser, Jürgen, Die Göhrde, Quellen und Darstellungen zur Geschichte Niedersachsens, hrsg. vom Historischen Verein für Niedersachsen, Verlagsbuchhandlung August Lax, Hildesheim 1969, S. 58 f.
[9] Blazek, Matthias, Das Kurfürstentum Hannover und die Jahre der Fremdherrschaft 1803-1813, Stuttgart 2007, ISBN 3-89821-777-9, S. 74.
[10] Bussche-Münnich, Wilhelm v. d., „Nachrichten über das vormalige Jagdschloß und das Jagdhaus zur Göhrde", in: Vaterländisches Archiv des historischen Vereins für Niedersachsen, hrsg. von August Broennenberg, Wilhelm Havemann und Adolph Schaumann, Hahn'sche Hofbuchhandlung, Hannover 1842, S. 80-100.
[11] NLA-HStA Hannover Celle Br. 61a Nr. 2529 (Amtsvogtei Burgwedel: Wolfsjagd und die Beteiligung der Vogteien etc. Winsen an der Aller, Burgwedel, Bissendorf, Meinersen, Uetze, Beedenbostel, Eicklingen, Schließerei, 1628-1629, Microfiche). Montgeld, Mondgeld, Monatschatz = Abgabe (Kontribution), welche an die Gemeinde für die Teilnahme an Gemeinde-Vorteilen gezahlt wurde.
[12] Kur-Braunschweigisch-Lüneburgische Landesordnungen und Gesetze Zellischen Teils (Corpus Constitutionum ducatus Luneburgici), Band II, Lüneburg 1742, S. 751.
[13] Zit. n. Heuvel, wie Anm. 3, S. 81 f.
[14] Poppe, Simon Albrecht, „Zur Säugethier-Fauna des nordwestlichen Deutschland", in: Naturwissenschaftlicher Verein zu Bremen (Hrsg.), Abhandlungen, VII. Band, C. Ed. Müller, Bremen 1882, S. 303 f.
[15] Baur, Karl Friedrich, Forststatistik der deutschen Bundesstaaten, Erster Teil, F. A. Brockhaus, Leipzig 1842, S. 249; Landau, Georg, Die Geschichte der Jagd und der Falknerei in beiden Hessen, Druck und Verlag von Theodor Fischer, Kassel 1849, S. 219 f.; Voigt, Friedrich Siegmund, Lehrbuch der Zoologie, Erster Band, E. Schweizerbart's Verlagsbuchhandlung, Stuttgart 1835, S. 285. Michaelis war Schluss des Wirtschaftsjahres und Termin für Zins- und Pachtzahlungen. Siehe auch: Borstelmann, Paul, „Wolfsplage Anno 1665 – Die Schäfer wagten sich kaum noch in die Heide", Sachsenspiegel 52, Cellesche Zeitung vom 28. Dezember 1985, und insbesondere Heuvel, wie Anm. 3, S. 71 ff.
[16] Ein erwachsener Wolf benötigt täglich etwa zwei bis drei Kilogramm Fleisch, nach Hungerzeiten beträchtlich mehr. Die dämmerungs- und nachtaktiven Ausdauerläufer können pro Streifzug gut 40 Kilometer in ihrem typischen „schnürenden" Trab zurücklegen, notfalls weit mehr.

[17] Wildungen, Ludwig von (Hrsg.), Taschenbuch für Forst- und Jagdfreunde für das Jahr 1802, in der neuen academischen Buchhandlung, Marburg 1802, S. 76 ff.
[18] Sonne, Heinrich Daniel Andreas, Beschreibung des Königreichs Hannover, 5. Buch, J. G. Cotta'sche Buchhandlung, München 1834, S. 378.
[19] Hegewisch, Hermann Dietrich, Neue Sammlung kleiner historischer und literarischer Schriften, J. F. Hammerich, Altona 1809, S. 259 f.
[20] Blazek, Matthias, Dorfchronik Helmerkamp, Hohne 2009, S. 40.
[21] Zitiert nach Beaulieu, Carl von, Beitrag zur Jagd-Chronik des 17ten Jahrhunderts, in: Taschenbuch für Forst- und Jagdfreunde für das Jahr 1802, Marburg 1801, S. 110; Ohe, Werner von der, „Altes Forstwesen im Gebiet Lüneburg-Celle – Auszüge aus Akten zur Geschichte des Jagdwesens", Sachsenspiegel 33, Cellesche Zeitung vom 30. September 1966.
[22] Herzog Georg Wilhelms Verordnung wegen Vertilgung der Wölfe, in: Neues Hannöverisches Magazin, Hannover 1803, S. 122 ff.
[23] Spilcker, Burchard Christian von, Historisch-topographisch-statistische Beschreibung der königlichen Residenzstadt Hannover, Hahnsche Hof-Buchhandlung, Hannover 1830, S. 455. NLA-HStA Hannover Hann. 78 Nr. 651 (Auflösung des Jägerhofs zu Celle, seine Vereinigung mit dem Jägerhof zu Hannover und seine Räumung von französischen Kranken, enthält u. a. Besoldung der Federschützen zu Celle Jürgen Laue und Alexander Roger Wallmann, 1758-1774), Hann. 92 Nr. 735 (Einziehung des Jägerhofs zu Celle sowie Verlegung des dortigen Jagddepartements an das hannoversche, 1771-1773, Microfiche). Vgl. auch Verordnung vom 13. März 1772, S. 141.
[24] NLA-HStA Hannover Hann. 78 Nr. 651.
[25] Originalseite abgebildet bei: Blazek, Dorfchronik Helmerkamp, wie Anm. 20, S. 51.
[26] NLA-HStA Hannover Hann. 74 Diepholz Nr. 485 (Die Wolfsjagden im Amt Diepholz, 1656-1826).
[27] Brüche = Strafe. Hanß Stelter (1641-1718) starb am 28. April 1718 in Stelterhof-Oberhode. Stuhlmacher, Hans, Der Würger vom Lichtenmoor: Der Wolfstöter von Eilte, Hermann Gaatz, erzählt, Eilte 1949, S. 34.
[28] Scherder, Johannes, Chronik des Landes Hadeln, M. Helmcke und Th. Borchers, Otterndorf 1843, S. 359.
[29] Blazek, Matthias, Ottenhaus – Eine Spurensuche, hrsg. von Tief- und Straßenbau Martens und Alex Reisen GmbH, Celle 2005, S. 19.
[30] Ottens, Martin, Lehrer in Jarnsen, „Die letzten Wölfe der Lüneburger Heide", Aufsatz in: Der Speicher, Selbstverlag des Kreisausschusses Celle, Celle 1930, S. 503 f.
[31] Archiv des historischen Vereins für Niedersachsen, Neue Folge, hrsg. unter Leitung des Vereins-Ausschusses, Hahn'sche Hofbuchhandlung, Hannover 1851, S. 102-106. Vollständiger Beitrag in diesem Buch auf Seite 79 ff.
[32] NLA-HStA Hannover Hann. 74 Diepholz Nr. 485 (Die Wolfsjagden im Amt Diepholz, 1656-1826).
[33] Ottens, wie Anm. 30, S. 503.
[34] NLA-HStA Hannover Hann. 74 Celle Nr. 413: Acta, betr. die von den Interessenten des Otzer-Bruchs wegen einer Fall-Eiche gegen den Pächter der Müggenburg geführten Beschwerden 1756-1797. Vgl. Blazek, Matthias, „Wo ist hier die Grenze? / Jahrelanger Streit um Wind-Fall-Eiche – Im 18. Jahrhundert war ein Disput zwischen dem Vorwerk Müggenburg und Otze und Ramlingen entstanden", Sachsenspiegel 29, Cellesche Zeitung vom 21. Juli 2007.
[35] Schraube, wie Anm. 1, S. 322.
[36] Wörtlich nach Delfs, Jürgen, „Wölfe – verteufelt und verkannt", in: Jagd in der Lüneburger Heide, Beiträge zur Naturgeschichte, hrsg. v. Bomann-Museum Celle, Ströher Druckerei und Verlag KG, Celle 2006, S. 241.
[37] Wiarda, Tileman Dothias, Ostfriesische Geschichte, 9. Band (1758-1786), August Friedrich Winter, Aurich 1798, S. 116 f. Vgl. Herquet, Karl, Miscellen zur Geschichte Ostfrieslands, Verlag von Herm. Braams, Norden 1883, S. 226.

[38] Schimmelfennig, „Wolfsjagden, jetzt und sonst", in: Allgemeine Forst- und Jagd-Zeitung, Monat Oktober 1872, Notizen, S. 357 f.
[39] Hobusch, Erich, In alten Jagdchroniken geblättert – Aus der Geschichte des Weidwerks, Leipzig 1990, S. 59.
[40] Löns, Hermann, Beiträge zur Landesfauna: 3. Hannovers Säugetiere, in: Jahrbuch des Provinzial-Museums zu Hannover, umfassend die Zeit 1. April 1905-1906, Druck von Wilh. Riemschneider, Hannover 1906, S. 33.
[41] Wildungen's Taschenbuch für Forst- und Jagdfreunde von 1802, S. 101 und S. 109. Vgl. auch Stadtarchiv Celle Z 03 - 1172 (Jagdwesen: Wölfe und Wolfsjagden).
[42] NLA-HStA Hannover Hann. 74 Nienburg Nr. 1242 (Das Umherstreifen von Wölfen und anderen Raubtieren in hiesiger Gegend, 1797-1843).
[43] Kosmos, hrsg. von der Gesellschaft der Naturfreunde, Franckh'sche Verlagsbuchhandlung, Stuttgart 1959, S. 117. Die Angabe wird mit der Lokalisierung 17 Kilometer ostwärts von Fallingbostel bestätigt von Delfs, wie Anm. 36, S. 241.
[44] NLA-HStA Hannover Hann. 74 Bergen Nr. 714.
[45] Harling, von, „Die Jagd im Kreise Isenhagen", in: Isenhagener Kreiskalender, 1927, S. 78-83; ausführlich: Delfs, wie Anm. 36, S. 242.
[46] NLA-HStA Hannover Hann. 74 Isenhagen Nr. 511.
[47] NLA-HStA Hannover Hann. 74 Isenhagen Nr. 511. Vgl. Delfs, wie Anm. 36, S. 242.
[48] Wörtlich nach Delfs, wie Anm. 36, S. 244.
[49] Siehe den zugehörigen Kupferstich aus dem Jahre 1825 in: Jagd in der Lüneburger Heide, wie oben, S. 244. In Hermann Löns nachgelassenen Schriften (1928) heißt es S. 74, ein Wilddieb namens Weise habe 1824 den Wolf bei Ehra erlegt.
[50] NLA-HStA Hannover Hann. 74 Neustadt Nr. 2844 (Aufforderung zur Wolfsjagd im Amt Neustadt, 28. Juli 1826).
[51] Schraube, wie Anm. 1, S. 314.
[52] NLA-HStA Hannover Hann. 74 Neustadt Nr. 2844 (Aufforderung zur Wolfsjagd im Amt Neustadt, 28. Juli 1826). Schraube, wie oben, S. 313 f.
[53] NLA-HStA Hannover Hann. 74 Neustadt Nr. 2842.
[54] Kohl, Johann Georg, „Am Steinhuder Meere, 9. Das todte Moor und die letzten Wolfsjagden in diesen Gegenden", in: Bremer Sonntagsblatt, 10. Jahrg., Druck und Verlag von Heinrich Strack (auch Herausgeber), Bremen 1862, S. 196-198.
[55] Das Rödingsche Kabinett in Hamburg, ein „Museum für Natur und Kunst", erhielt danach den ausgestopften Wolf. Hansen, Adolf Ulrich, Charakterbilder aus den Herzogthümern Schleswig, Holstein und Lauenburg, den Hansestädten Hamburg und Lübeck, Gustav Carl Würger, Hamburg 1858, S. 79.
[56] Der Naturfreund oder praktisch-gemeinnützige Naturgeschichte des In- und Auslandes, Erste Lieferung, hrsg. von Ludwig Reichenbach, Verlag der Expedition des Naturfreundes, Leipzig 1834, S. 117.
[57] NLA-HStA Hannover Hann. 80 Lüneburg Nr. 567 (Umherstreifen von Wölfen in verschiedenen Gegenden des Landdrosteibezirks Lüneburg, 1836-1851).
[58] Ottens, wie Anm. 30, S. 503 f. Pistolen trugen den Nennwert von 5 Talern (doppelte und halbe waren entsprechend beziffert).
[59] Gedicke, Jürgen, Nienhagen – Geschichte eines niedersächsischen Hagendorfes, Band I, Nienhagen 1990, S. 66.
[60] Delfs, wie Anm. 36, S. 244; Blazek, Matthias, „Förster Levecke erlegte in unserer Heimat 1851 den letzten Wolf", Serie Geschichtliches aus den Ortsteilen der Gemeinde Adelheidsdorf, Wathlinger Bote vom 13. Juli 2013. Knesebeck gehört heute zum Landkreis Gifhorn.
[61] Schraube, wie Anm. 1, S. 314. Der Wolf wurde laut Kosmos (1959), wie Anm. 43, S. 117, 1842 bei Wendenborstel (heute zu Steimbke) erlegt.
[62] NLA-HStA Hannover Hann. 74 Nienburg Nr. 1242 (Das Umherstreifen von Wölfen und anderen Raubtieren in hiesiger Gegend, 1797-1843). Hannoversche Zeitung Nr. 69 vom 22.

März 1843 (Für die Erlegung und Ablieferung eines im Amt Ahlden gesichteten Wolfes wird eine Belohnung von 50 Talern ausgesetzt). Vgl. Schraube, wie Anm. 1, S. 325.
[63] Schraube, wie Anm. 1, S. 314.
[64] M. v. E., „Die letzten Wolfsjagden in Norddeutschland", in: Allgemeine Forst- und Jagd-Zeitung, hrsg. v. Prof. Dr. Gustav Heyer, Neue Folge, 45. Jahrg., Notizen, J. D. Sauerländer's Verlag, Frankfurt am Main 1869, S. 262 f. Vgl. dazu: Kohl, Johann Georg, „Am Steinhuder Meere, 9. Das todte Moor und die letzten Wolfsjagden in diesen Gegenden", wie oben.
[65] NLA-HStA Hannover Hann. 78 Nr. 1482.
[66] Landdrost in Lüneburg war im Zeitraum 1843-1863 Georg Ludewig von Torney (1791-1863), Blazek, Matthias, Ahnsbeck, Ahnsbeck 2003, S. 352. Über die Geschichte der Landdrosteien lies ausführlich: Blazek, Matthias, Von der Landdrostey zur Bezirksregierung – Die Geschichte der Bezirksregierung Hannover im Spiegel der Verwaltungsreformen, Stuttgart 2004 (2., überarbeitete und erweiterte Auflage: 2014), ISBN 3-89821-357-9. Die von Spörcken, Molzenscher Linie, bewohnten das Adelige Gut zu Emmendorf (Amt Medingen, heutiger Kreis Uelzen), wie zuletzt der frühere Oberstallmeister (1839-1844) und Kammerherr August von Spörcken (1778-1844).
[67] Schraube, wie Anm. 1, S. 326.
[68] NLA-HStA Hannover Hann. 78 Nr. 1482.
[69] Ottens, wie Anm. 30, S. 504. Niedersächsischer Jäger vom 1. April 1901.
[70] Dombrowski, Raoul von, Allgemeine Encyclopedie der gesammten Forst- und Jagdwissenschaften, Wien 1890, S. 91.
[71] Prüser, wie Anm. 8, S. 102 f. und 121.
[72] Olenhusen, Götz von, Wolfsjagd, Allgemeine Forst- und Jagd-Zeitung, Monat April 1851, S. 148 f. (Briefe).
[73] Spätere Hofjäger zu Breitenhees hießen Walter (1859) und A. Franke (1867).
[74] Heimatbote Winsen (Aller) Nr. 5 vom 15. Februar 1922, Beitrag unterzeichnet mit dem Kürzel „O". Vgl. Schrader, Werner, „Wolfsplage anno 1665 auch in Wolthausen", Aufsatz in: 777 Jahre Wolthausen & Wittbeck, 2012. Danke an Werner Schrader.
[75] Ottens, wie Anm. 30, S. 504.
[76] Mitteilung von Werner Schrader.
[77] Schraube, wie Anm. 1, S. 327. NLA-HStA Hannover Hann. 80 Lüneburg Nr. 567 (Umherstreifen von Wölfen in verschiedenen Gegenden des Landdrosteibezirks Lüneburg, 1836-1851).
[78] Vgl. Blazek, Matthias, „Holzung, Mast und Jagd im Wietzenbruch / Eisenproduktion im Mittelalter von Bedeutung – Unwirtliche Gegend von Celler Bürgern in Gemeinschaft mit Westerceller Bewohnern jahrhundertelang als Viehweide genutzt", Sachsenspiegel 38, Cellesche Zeitung vom 20. September 2003. Heyden-Linden, Rüdiger von, „Wolf in der Lüneburger Heide", in: Wild und Hund, Nr. 7/1952.
[79] Aus der Heimat – für die Heimat, Beiträge zur Naturkunde, Jahrbuch des Vereins für Naturkunde an der Unterweser für 1899, Verlag der v. Vangerowschen Buchhandlung Georg Schipper, Bremerhaven 1901, S. 51. Vgl. Jahresbericht der Naturhistorischen Gesellschaft zu Hannover, Hannover 1874, S. 27, das ebenfalls das frühere Vorhandensein der Präparate von 1839 und 1851 belegt.
[80] Schäff, Ernst, Jagdtierkunde. Naturgeschichte der in Deutschland heimischen Wildarten, Verlagsbuchhandlung Paul Parey, Berlin 1907, S. 226.
[81] Dazu die Archivalien: NLA-HStA Hannover Hann. 78 Nr. 684 (Anwesenheit eines Wolfs im Wietzenbruch, Revier Ovelgönne, 1851).
[82] Zeitschrift für Forst- und Jagdwesen, Verlag von Julius Springer, Berlin 1887, S. 425.
[83] Gerding, Ludwig, „Einiges über das Lancieren des gesunden Rotwildes mit dem Schweißhunde", in: Weidwerk und Hundesport, Nr. 191, Juli 1903, S. 11. Vgl. das vollständige „Verzeichniß des von Sr. Majestät dem Könige Ernst August in den Jagdzeiten von 1837 bis incl. 1847 erlegten Wildes", in: Malortie, Carl Ernst von, König Ernst August, Hahn'sche Hofbuchhandlung, Hannover 1861, S. 163 ff.

[84] „Ein Gehegereuter wohnt am Eingange des, einem Jeden zum Besuche offen stehenden Wildgartens", schreibt Burchard Christian von Spilcker in seiner „Historisch-topographisch-statistischen Beschreibung der königlichen Residenzstadt Hannover" über den Kirchroder Tiergarten (Hannover 1819, S. 535).

[85] Abgedruckt in: Bonplandia – Zeitschrift für die gesammte Botanik, Carl Rümpler, Hannover 1858, S. 405.

[86] Blazek, Matthias, „Aus Not und Leidenschaft", in ders.: Hexenprozesse, Galgenberge, Hinrichtungen, Kriminaljustiz im Fürstentum Lüneburg und im Königreich Hannover, ibidem-Verlag, Stuttgart 2006, ISBN 3-89821-587-3, S. 252-268.

[87] Der Forst- und Holzwirt, Verlag Schaper, Hannover 1984, S. 568 f. Dort die Angabe, Leveke (sic!) sei 1882 gestorben.

[88] Von F. G. C. Pook, 1852 in den Dienst des Hofjagdamtes getreten, dann Jagdaufseher in Fuhrberg und 1856 zum Hofjäger ernannt, ist bekannt, dass er später für mehrere Wochen nach Fuhrberg zurückkehrte, um Prinz Friedrich Karl zur Hirschjagd zu führen. Pook war ein Vetter von Wildmeister Ernst Delion, der 40 Jahre lang die Hofjagd in der Göhrde begleitete. 1862 wurde ihm per Erlass bei gleichem Einkommen eine Försterei in Fuhrberg übertragen. 1867 erhielt er die Försterei Röthen in der Göhrde und wurde von dort zur Jagdbegleitung im Wietzenbruch abkommandiert. 1891 erhielt er zusammen mit dem ehemaligen Hofjäger Fritz Bühmann anlässlich einer Jagd in der Göhrde vom Kaiser für seine Verdienste um das Jagdwesen einen Orden. Am 9. September 1895 verstarb F. G. C. Pook. (Barth, Wolf-Eberhard, Der Hannoversche Schweißhund als Beispiel der Entwicklung eines deutschen Jagdhundes, Dissertation zur Erlangung des Doktorgrades der Forstlichen Fakultät der Georg-August-Universität Göttingen, Hann. Münden 1969, S. 145.)

[89] Löns, Hermann, Drei Recken der Vorzeit, in: Das Lönsbuch, Feld-Ausgabe, Kap. 59, Friedrich Gersbach Verlag, Bad Pyrmont 1942, S. 94 ff.

[90] Tierärztliche Rundschau 1920, XXVI. Jahrg., Nr. 27, S. 287.

[91] Jahrbuch des Provinzial-Museums zu Hannover, umfassend die Zeit 1. April 1905-1906, Druck von Wilh. Riemschneider, Hannover 1906, S. 33, Recherche von Hermann Löns.

[92] Die genaue Lage westlich der Dörfer Becklingen und Wardböhmen und südlich des Hakenbergs wird bezeichnet auf einer Karte, abgebildet im Beitrag von Kammer, Hermann von der, „Vor 125 Jahren machte der Leibjäger des Königs dem Leben des letzten Wolfs im Becklinger Holz ein Ende", Sachsenspiegel 21, Cellesche Zeitung vom 24. Mai 1997.

[93] Schraube, wie Anm. 1, S. 328. Aus der Akte des Preußischen Staatsarchivs Hannover. Hannover Des. 78 II, XV D. Fach 96 Nr. 1.

[94] Löns, Hermann, „Drei Recken der Vorzeit", in ders.: Mein Goldenes Buch, Friedrich Gersbach, Bad Pyrmont 1926, Jagdgeschichten, Kap. 59.

[95] Deimann, Wilhelm (Hrsg.), Hermann Löns, Nachgelassene Schriften, Zweiter Band, Adolf Sponholtz Verlag, Hannover 1928, S. 76.

[96] Koke, Otto, „Der Wolf von Wardböhmen – Das Schicksal des letzten norddeutschen Wolfes", in: Celler Heimatkalender für Stadt und Land Celle auf das Jahr 1948, Joseph Giesel, Celle 1947, S. 61 ff., mit einem Foto des Gedenksteins (Aufnahme A. Meyer).

[97] Kammer, Hermann von der, Geschichte (Chronik) der Ortschaft Wardböhmen mit den Ortsteilen Hoope und Sehlhof, hrsg. aus Anlass des 800-jährigen Jubiläums 1197-1997, Bergen 1997, S. 462.

[98] Deimann, Wilhelm, Der Künstler und Kämpfer – Eine Lönsbiographie und Briefausgabe, Sponholtz, Hannover 1935, S. 188.

[99] Kammer, Geschichte Wardböhmen, wie Anm. 97, S. 462. Edgar Kalthoff schreibt 1976 in den „Niedersächsischen Lebensbildern" über den 1804 geborenen Wildschütz Hans Eidig (S. 111), das Fell sei im Jägerhof in Hannover abgeliefert worden, „wo schon 20 seiner Art ausgestopft und ausgestellt waren".

[100] Heimatbote Winsen (Aller) Nr. 5 vom 15. Februar 1922, Beitrag unterzeichnet mit dem Kürzel „O". Vgl. Schrader, Werner, „Wolfsplage anno 1665 auch in Wolthausen", Aufsatz in: 777 Jahre Wolthausen & Wittbeck, 2012. Danke an Werner Schrader.

[101] Schimmelfennig, „Wolfsjagden, jetzt und sonst", in: Allgemeine Forst- und Jagd-Zeitung, Monat Oktober 1872, Notizen, S. 357 f.

[102] Bei Mohr, Erna, Die „letzten" Wölfe von Niedersachsen", in: Säugetierkundliche Mitteilungen, Band 1, Heft 2, Franckh'sche Verlagshandlung, W. Keller & Co., Stuttgart 1953, heißt es, S. 22, nachdem im Frühjahr 1952 ein Wolf in der Rostocker Heide in einer Schlinge gefangen worden war: „In der letzten Hälfte des 19. Jahrhunderts kamen in dem Gebiet noch drei Wölfe zur Strecke, der erste am 11. I. 1851 in der Göhrde, der zweite am 18. X. 1854 im Raum von Ebstorf und der dritte und letzte am 14. I. 1872 im Forstamt Walsrode." Ritter, Friedrich, Norddeutsche Jagd-Chronik, Landbuch, Hannover 1994, S. 56, übernimmt den Übertragungsfehler 18. Oktober 1854 und auch den Jagdort nordwestlich von Uelzen. Vgl. Dehning, Letzte Wölfe in der Lüneburger Heide, o. J., genannt im Archiv für Naturgeschichte, Nicolai, Berlin 1909, S. 131.

[103] Hof- und Staats-Handbuch für das Königreich Hannover auf das Jahr 1863, Berenbergsche Buchdruckerei, Hannover 1863, S. 11.

[104] Das preußische Jagd-Recht, § 98.

[105] NLA-HStA Hannover Hann. 74 Bergen Nr. 714 Bl. 6-10 (Tötung eines Wolfs durch die Einwohner zu Bleckmar, enthält u. a. Tötung eines Wolfs durch den Förster in Wardböhmen, 1844-1872).

[106] Schraube, wie oben, S. 328.

[107] Wense, H[eino] von der, sächsischer Forstreferendar, „Forst- und Jagdgeschichtliches aus einer Lüneburgischen Gutsforst", in: Zeitschrift für Forst- und Jagdwesen 51, April 1919, Verlag von Julius Springer, Berlin, S. 210-215.

[108] Burckhardt, Heinrich, „Über Saufindermeute", in: Aus dem Walde – Mittheilungen in zwanglosen Heften, 5. Heft, Carl Rümpler, Hannover 1874, S. 229-242.

[109] Zit. n. Kammer, Geschichte Wardböhmen, wie Anm. 97, S. 461. Foto des Steins in dem Beitrag „Erinnerung an ... ‚letzter Wolf'", Cellesche Zeitung vom 6. Januar 2006. Zur beabsichtigten Steinsetzung siehe die kurze Nachricht „Gedenkstein im Becklinger Holz: 1872 der letzte freie Wolf erlegt", Die Tide, Monatsschrift für Volkstum, Geschichte, Kunst, Kultur und geistiges Leben Niederdeutschlands, 6. Jahrg., Heft 5, Friesen Verlag, Bremen, Mai 1929 (29/5). Demnach war auch der Niedersächsische Heimatbund wenigstens an den Planungen beteiligt gewesen.

[110] Schäff, Ernst, Jagdtierkunde. Naturgeschichte der in Deutschland heimischen Wildarten, Paul Parey, Berlin 1907, S. 225.

[111] Lětopis: Jahresschrift des Instituts für Sorbische Volksforschung. Volkskunde, Ausg. 28, hrsg. von Institut für Sorbische Volksforschung, Verlag Domowina, Bautzen 1985, S. 120; Nietzke, K., „Wölfe und Wolfsjagden in den Tauerschen Forsten", Gubener Zeitung, Guben, 2. August 1934; „Die letzten Wolfsjagden in der Lausitz", in: Heimatblätter des Tangermünder Tageblatts, 15. Jahrg., Nr. 1, 4./5. Januar 1936.

[112] Der Zoologische Garten (Zoologischer Beobachter). Zeitschrift für die gesamte Tiergärtnerei, Bd. 45, G. Fischer, Jena 1904, S. 162; Die Woche, August Scherl G.m.b.H., Berlin, Nummer 17, 23. April 1904, S. V.

[113] „Wolf erlegt in der Lausitz, Reg.-Bez. Liegnitz", in: Allgemeine Forst- und Jagd-Zeitung, Verlag J. D. Sauerländer, Frankfurt am Main 1904, S. 312.

[114] Geschichte und Geschichten aus der Chronik von Sabrodt, Neuauflage, hergestellt vom Behindertenwerk, Elsterheide 2002.

[115] Wild und Hund, Zehnter Jahrgang, 1904, Paul Parey, Berlin 1904.

[116] Heuvel, wie oben, S. 96.

[117] Schraube, Albert, „Der Wolf im Lichtenmoor", in: Neues Archiv für Niedersachsen: Landeskunde/Statistik/Landesplanung, Band 3, hrsg. von Kurt Brüning, Walter Dorn Verlag, Bremen-Horn 1949, S. 264 ff.; „Sahen Sie den ‚Würger vom Lichtenmoor'?", Cellesche Zeitung vom 5. Februar 1951; Stuhlmacher, Hans, Der Würger vom Lichtenmoor, Fallingbostel 1949.

[118] Richter, Wilhelm, private, zeitgeschichtliche Sammlung, Vor 20 Jahren – Der „Würger vom Lichtenmoor", Mitteilung der Stadt Rethem. Vgl. Bullerjahn, Klaus, „Alles hat seine Zeit – Rückkehr von Wolf und Luchs", in: Niedersächsischer Jäger 5/2007, S. 12 f.

[119] „Die Wölfin von Bötersen", in: Gesundheitswesen und Desinfektion, Medizinisch Literarische Verlagsgesellschaft, Uelzen 1973, S. 18.

[120] Hosang, Joachim, „Würger vom Lichtenmoor", in: Land & Forst 35/1998, S. 40 f.

[121] „Der Fressfeind beißt jetzt öfter zu", Göttinger Tageblatt, 12. November 2013. Siehe dazu den Beitrag in der Celleschen Zeitung vom 3. März 2014 unter der Überschrift „Wie viele Wölfe verträgt das Land?" und Cellesche Zeitung vom 27. März 2014: „Riss in Rixförde: Wolf auf dem Vormarsch Richtung Hannover".

[122] AFZ Der Wald, Band 58, Ausgaben 1-13, BLV Verlagsgesellschaft, 2003, S. 157.

[123] Böhme, Ernst; Scholz, Michael; Wehner, Jens, Dorf und Kloster Weende von den Anfängen bis ins 19. Jahrhundert, Göttingen 1992, S. 167.

[124] Zeitschrift des Harzvereins III, S. 65; Andrée, Richard, Braunschweiger Volkskunde, F. Vieweg und Sohn, 2. Aufl., Braunschweig 1901, S. 87.

[125] Beiträge zur Hildesheimischen Geschichte, 3. Band, Gerstenbergsche Buchdruckerei, Hildesheim 1830, S. 158-163.

[126] Im Tagebuch des Dr. Conrad Jordan von 1614 bis 1659 heißt es (Acta bellorum Hildesiensium, 1985, S. 254): „Vor dem Osterthor werden im Mist 2 Wölffe vom Schaffer angetroffen, davon einer erschlagen hereingebracht."

[127] Jacobs, Eduard, Zeitschrift des Harz-Vereins für Geschichte und Altertumskunde, Selbstverlag des Vereins, Wernigerode 1898, S. 265; Der Harz, Meyers Reisebücher, Bibliographisches Institut, Leipzig 1901, S. 234.

[128] Mangourit, Michel Ange, Der Hannöverische Staat in allen seinen Beziehungen, Adolph Schmidt, Hamburg 1805, S. 270.

[129] Jakobs, Ed., in: Quellen und Forschungen zur Braunschweigischen Geschichte, hrsg. vom Geschichtsverein für das Herzogtum Braunschweig, Bd. VI, Wolfenbüttel 1914, S. 191.

[130] Brederlow, C. G. Friedrich, Der Harz. Zur Belehrung und Unterhaltung für Harzreisende, Verlag von C. W. Ramdohr's Hof-Kunsthandlung, Braunschweig 1846, S. 270.

[131] Zeitschrift des Harz-Vereins für Geschichte und Alterthumskunde, hrsg. vom Harzverein für Geschichte und Altertumskunde, 1871, S. 65.

[132] Aus Niedersachsen stammen einige ältere Daten: 1658 (bei Celle), 6. März 1677 (Göhrde im Bereich der Elbe, von dem Luchs wurde zur Erinnerung sogar ein Porträt angefertigt, das laut Hermann Löns, „Die Wirbeltiere der Lüneburger Heide", in: Jahreshefte des naturwissenschaftlichen Vereins zu Lüneburg, 1907, S. 88, im Jagdschloss aufgehängt wurde), 1702 (bei Herzberg im Südharz), 1780 (im Deister soll der Luchs neben Wolf und Wildkatze noch vorgekommen sein), 1814 (zwei Luchse erlegt bei Wernigerode/Harz).

[133] Ahrens, Sabine, Zweihundertfünfzig Jahre Naturhistorisches Museum in Braunschweig, hrsg. vom Staatlichen Naturhistorischen Museum, Braunschweig 2004, S. 64.

[134] NLA-HStA Hannover, Oberjagddepartement, Generalia: Bestallungssachen (Oberjägermeister, Jagdjunker, Wildmeister, Hofjäger, Rüstmeister, Federschützen, Gehegereuter usw.), Feldjägerkorps, Pensions- und Gnadenbewilligungen, Jagdschutz (Verfolgung der Wilddieberei), Wildschäden, Jagdpachtsachen, Wildlieferung (Wildtaxe, Schießgeld), Jägerhof (Jagdzeug, Gewehrkammer, Hunde), Rechnungssachen, Bausachen (Jägerhof zu Hannover, Jagdzeughaus zu Linden), Jagddienste (darin: deren Ablösung), Koppeljagd-Teilungssachen, Steuern, Lasten und Abgaben, Prozesssachen (Prozesse um Wildschäden, Jagdpachten, Jagddienste usw.), Jagden (Parforce-, Hochwild-, Streif- und Koppel-, Klapper-, Treibjagd usw.), Vogelfang, Jagdordnung, Jagdgesetzgebung.

[135] Schnell, Paul-Friedrich, Der Hannoversche Jägerhof und sein Umfeld – Eine jagdliche Chronik, Neumann-Neudamm, Melsungen 2009.

[136] Baur, Karl Friedrich, Forststatistik der deutschen Bundesstaaten. Ein Ergebniß forstlicher Reisen, Erster Teil, F. A. Brockhaus, Leipzig 1842, S. 255.

[137] Siehe die Namenlisten in der „Allgemeinen Forst- und Jagd-Zeitung", Monat Oktober 1851, J. D. Sauerländer, Frankfurt am Main 1851, S. 388, und bei Gebhardt, Günter, Militärwesen, Verkehr und Wirtschaft in der Mitte des Kurfürstentums und Königreichs Hannover 1692-1866, ibidem-Verlag, Stuttgart 2010, ISBN 978-3-8382-0184-9, S. 77.
[138] Roolfs, Cornelia, Der hannoversche Hof von 1814 bis 1866: Hofstaat und Hofgesellschaft, Hahnsche Buchhandlung, Hannover 2005, S. 401.
[139] Lebensläufe der Jagdjunker liefert Roolfs, wie Anm. 138, S. 219 ff., 464.
[140] Niedersächsisches Archiv 1837, S. 183.
[141] Wolff, Carl, Die Kunstdenkmäler der Provinz Hannover, Theodor Schulzes Buchhandlung, Hannover 1932, S. 112 f.; Adressbuch der Königlichen Haupt- und Residenzstadt Hannover 1849; Allgemeine Forst- und Jagd-Zeitung, Monat Juli 1840, S. 291; Barth, Wolf-Eberhard, Der Hannoversche Schweißhund als Beispiel der Entwicklung eines deutschen Jagdhundes, Dissertation zur Erlangung des Doktorgrades der Forstlichen Fakultät der Georg-August-Universität Göttingen, Hann. Münden 1969, S. 142.
[142] NLA-HStA Hannover Hann. 78 Nr. 583 (Acta, betreffend die der unverehelichten Tochter des weiland Oberwildmeisters Toppius bewilligte Unterstützung [Pensionen + Gnadenbewilligungen, 1846-1864]).
[143] Neuer Nekrolog der Deutschen, 24. Jahrg., 1846, Weimar 1848, S. 1063.

Im Buch verwendete Abkürzungen:

a. a. O.	am angegebenen Ort
Anm.	Anmerkung
Aufl.	Auflage
Bd.	Band
Bl.	Blatt
ders.	derselbe
etc.	et cetera, „und so weiter"
f., ff.	folgende
gest.	gestorben
hrsg.	herausgegeben
Hrsg.	Herausgeber
J.	Jahr(e)
Jahrg.	Jahrgang
königl.	königlich(e/er/en)
kurfürstl.	kurfürstlicher
NLA-HStA Hannover	Niedersächsisches Landesarchiv, Hauptstaatsarchiv Hannover
Nr., No., Nro.	Nummer
o. J.	ohne Jahresangabe
S.	Seite
Sr.	Seiner [Majestät ...]
u. a.	unter anderem
usw., u. s. w.	und so weiter
vgl.	vergleiche
zit. n.	zitiert nach

***ibidem*-Verlag**

Melchiorstr. 15

D-70439 Stuttgart

info@ibidem-verlag.de

www.ibidem-verlag.de
www.ibidem.eu
www.edition-noema.de
www.autorenbetreuung.de

www.ingramcontent.com/pod-product-compliance
Lightning Source LLC
Chambersburg PA
CBHW071223160426
43196CB00012B/2399